第三の眼を覚醒させる

反復の真の本質を見出す

ルハン・マトゥス 著

高橋 徹 訳

Awakening the Third Eye

Discovering the True Essence of Recapitulation

ナチュラルスピリット

AWAKENING THE THIRD EYE

by Lujan Matus

Japanese translation published by arrangement with
Lujan Matus through The English Agency(Japan)Ltd.

謝辞

親友たちへ、愛情あふれる無条件の支援に感謝する。

目次

はじめに　8

イントロダクション：ナワールの世界へ　16

第一章　ナワールの責任　28

　普遍的な光の繊維　32

　入り口のない道　37

第二章　ナワールのささやき　43

第三章　同調（アラインメント）を求めて　90

　夢の歩行者　91

　シャーマンの夢見　95

第四章　技法、シリーズⅠ：第三の眼のベールをとる　121

技法一：鏡　121
技法二：龍の息　126
技法三：永遠の熟視――星を見つめる一　127
【反復の準備】　127
【正しさを確かめる必要をなくす】　131
【植物を見つめる準備】　133
技法四：一鉢の植物を見つめる　139
技法五：二鉢の植物を見つめる　142
【見つめる際の気分】　145
【見つめることを歩かせる】　145
【常に時計回りに回転させる】　146
技法六：星を見つめる二　157
【光の繊維を見る】　157

技法七　：人々を見つめる　158
技法八　：均等化――右眼のスイッチをオフにする　163
【スワスティカと、見る者の眼】　168
技法九　：第三の眼を覚醒させる瞑想　174
技法十　：上昇と下降　175
技法十一：上昇と下降の原則を用いる瞑想　185
第五章　永遠を取り入れ、すくいとる　189
第六章　技法、シリーズII　：高度な見つめ方　204
技法十二：ゲートウェイ　205
技法十三：ケツァルコアトルの月を見つめる　209
【「ケツァルコアトルの月を見つめる」に関する注意点】　210
技法十四：雷を見つめる　214

【雷を見つめる際の注意点】 215
技法十五：骨髄呼吸 215
【骨髄呼吸の注意点】 216

第七章　活動的な夢見る者 219

既視感、予感、前兆 242
技法十六：花を見つめる一 244
【花を見つめる際の注意点】 246
技法十七：花を見つめる二 252
技法十八：虹を見つめる 253

エピローグ 256

訳者あとがき 260

【イラスト】
永遠の熟視　p.130／象限　p.138／一鉢の植物を見つめる　p.141／二鉢の植物を見つめる p.144／均等化Ａ　p.166／均等化Ｂ　p.167／スワスティカと、見る者の眼　p.172／上昇と下降　p.177／ゲートウェイ　p.208／ケツァルコアトルの月を見つめるＡ　p.211／ケツァルコアトルの月を見つめるＢ　p.212

【免責事項】

著者は、本書に含まれるあらゆる内容の活用や応用により、直接的または間接的に引き起こされる個人的またはそれ以外の障害、事故、危害に関する責任を一切負うものではない。

第三の眼を覚醒させる
――反復の真の本質を見出す

はじめに

ルハン・マトゥスの最新作は、彼の個人的な旅の報告です。この報告は、彼自身にとってさえも謎であるものを解き明かす形で記され、彼が告げる並はずれた情報により提供されます。彼の教えは技法の形をとります。本質的に正確かつ抽象的な技法と洞察は、読者を取り巻く状況の中でその意味合いが明らかになるので、あなたは自分自身でその含みを発見するでしょう。ルハンの文章は非常に直接的であると同時に、多層的です。そのスタイルは会話調だったり、物語風だったり、説明的だったり、また、むき出しの形だったり、詩的だったりと、その都度さまざまに変化します。彼には濃密で多面的な流暢さがあり、それは瞬時に表れ、それがやってきたそのままの形で記されます。なかでもこのアプローチは、行うことは何であれ習慣的に取り込んでしまう直線的なプロセスに挑戦する多元的な同化吸収を生じさせます。

『第三の眼を覚醒させる』は、独自かつ現代にふさわしい著作で、永遠の神秘に包まれたテーマに光を当てます。今、私たちが置かれている完全にグローバル化した状況の中で、私たちはあまりにも多くの情報にアクセスしています。そのため、すでにどこかで手に入るもの以外で、真に啓示に満ちたものが新たに引き合いに出されることなどありそうにもないように思えます。読者は、ここに書かれている文章の中に、言葉の両義的な意味でこのまれに見る独自性(オリジナリティ)を認めるでしょう。すなわち、革新的であり、これまでに見たこともなかったという意味と「起源(オリジン)の」、つまり源泉から生じたという意味での独自性です。第三の眼についてすでに読んだり、聞いたり、学んだりしたことが何だったとしても、またたとえそれが古代文献であれ、最新の量子研究を取り上げた記事であれ、あるいはすぐに手に入る伝統的かつ現代的な知識の大きな貯蔵庫からの何かであったとしても、かまいません。ここで述べられているのは、そういったものとは違う何か別なものです。それは私たちが知る必要のある視点であり、本質的には私たちの中にある貴重な知恵にアクセスする方法です。

この現実や他の現実におけるルハンの体験に触れるようになると、深遠な感謝の気持ちが内部に生じます。それを認めることの効果は強烈で、即座に私たちを揺り動かします。彼が分かち合うものは最初は煙にまくように見えても、深く認識可能なものです。それは私たちの頭脳(マインド)にとってではなく、私たちひとりひとりの中に内在する普遍的な意識にとって認識可能なのです。これらの信じられないような解説を注意深く考察することにより、私たちは自分自身の奇妙ではかり知れない性質にアクセスするようになります。特に、私たちは自分自身の限りなく不可解な次元性を再び知るようになり、それが明らかにされる瞬間に、その次元性を理解できるようになるのです。

第三の眼の知覚は、秘教的な関心をはるかに超えたものです。それは私たちと源泉、永遠や統合性とのつながりです。この能力は、私たちが永遠の知（知ること）にアクセスすることを表します。私たちがその聞き方を知るとき、永遠の知は私たちの細胞そのものを通り抜け、私たちの現在の意識に直接、届けられます。現在の私たちにこれ以上、ふさわしく、また貴重なことがほかにあるでしょうか。

生まれつき持っていた統合性から断絶したことにより私たちが失ったすべて、それが回復する必要のあるすべてです。そうして破壊的な無知と利己主義という現在の軌道を、最高次の秩序の知恵と協力にあふれている生きたアプローチに変容しなくてはなりません。第三の眼の意識に再びつながると、自分の普遍的な結びつきが明らかになる体験の領域に至ります。そこでは、私たちが自分の高次の性質に反することを行うと、実用的かつ実際的な意味で有害なことがはっきりとします。私たちの選択が、全永遠からの私たちによって目撃されるという、より大きな文脈から眺められるとき、必然的に優先順位が変わります。以下のページで私たちは、そのような視点を再び知るようになります。

意識的な存在としての私たちは、取り組むべき多くのことがあり、直面する複雑さの中を進んでいくのは容易なことではありません。私たちにできるのは自分の心臓のセンターからの指示に基づいて、自分の洞察に従い、みずからの無欠性を養成し、瞬間瞬間の選択をしてそれが真実のものとなるようにすることだけです。この目的に私たちを再び結びつけ、直観的な自立の力の開発に役立つ鍵と実用的な技法が与えられるというのは、はかり知れない贈り物です。

言語それ自体が私たちの現在の進化状態の限界を反映しているので、長期にわたって確立されたパラメーター（範囲）の外にあることについて話すのは容易ではありません。私は、力のある言葉に出会って、それが私を言葉のない状態に連れていってくれると高揚しますが、ルハンの著作にはどこよりもそれを多く見つけました。彼は、シンタックス（統語法）や認知の障害物を超えて意識を織りなして導く方法を持っていて、多次元性という真の魔術的な領域に旅する独自の機会を、開かれた心を持つ人たちに提供します。

これらの留意事項、事例、技法は、非常に貴重です。私たちはあまりにも既知のこと、直線的な描写、合理的な前提に浸されていて、私たちの確実性の境界にまとわりつく付着物に囲まれています。私たちが受け入れるようになった固有の限界に適応するために、私たちの大いなる自己は、実際にそうであるよりもより小さくなるすべを身につけたのです。私たちはただ私たちが本来そうであるものになることができればよいし、自己の全体性を思い出すことさえできればよいのです。

物事を知っている自分の一部に耳を傾ける方法を自身に教えることにより、私たちはそれができます。これをするために、まず私たちの構造物が私たちに課す催眠的な呪縛——あるいは、より正確には私たちがそこで持っているもの——を突き破らなければなりません。物語的な視覚刺激あるいは他の感覚の誘発を通して、現実を支配しようとする表象（プレゼンテーション）がやってきて、私たちの注意力を捕らえ、「意識の流れ」を危険なほど夢中にさせ、しばしば偽りである意識の道へ向かわせています。私たちが自分の中心を見つけるために奮闘し、果てしなく見える複雑さの中にとらわれている自分を見出すのも当然です。私たちは、これら容赦ない激しい攻撃のさなかで、真実をどこに見つけたらよいのかわかりません。今なお知覚者としての私たちは、それにもかかわらず、このプロセスにおいて自分の一部を理解し、それを自分のものとする責任があります。

だからこそ、この本に含まれている情報は、自分自身を解読し、導き、最終的には社会化された視点から自分をときほぐすのに役立つ手段であるという点で、非常に重要です。第三の眼の知覚は、習慣的な意識がだまされてしまうような形では、だまされません。この神秘的な能力から受けとる知らせは、ベールに包まれていても、ひずんだ意識から私たちを脱け出させ、本来、歩くべき道に導いてくれる力を持っています。

真実を知り、明らかになっていないものを見て、未知からの知らせを受けとるこの絶妙なはからいは、私たちの一部です。私たちは現在、過去、未来の全存在と私たちを結びつける非個人的な知性を付与された、多次元的な知覚者・創造者として設計されています。私たちのDNAそのものが光でコード化された知恵を含んでおり、それが私たちの遺産であり、また全存在との必然的な結びつきの物理的な現れを示すものです。これを思い出すことが、私たちの進化にとっての鍵です。

私たちは分断にあまりにも夢中になって、その結果、自分の能力の広大さを個人レベルで処理するようになりました。そのため、統合性や普遍的な意識という主題そのものが、多くの人にとって現実とは何の関わりもないユートピア的なSFのようなものとして姿を現します。

しかし、それを理解するかどうか、またそのような概念を受け入れるか拒否するかどうかにかかわらず、またその現象に対してどう名づけようとも、私たちは皆、何らかの形で普遍的なつながりを体験してきています。なぜならそれこそが私たちのあり方であり、それは避けられないことだからです。

そのような体験を、スピリチュアルだとか、メタフィジカルだとか、あるいはまた宇宙的（コズミック）

だとかというレッテルを貼るのは好ましいとは思いません。なぜなら、そこに過度に含まれる意味合いにより、あまりにも基本的なものが隔離されるのは望ましくないからです。第三の眼との結びつきは、個人的かつ共同的な体験にもともと備わっており、その特別な意識が自分の日常生活に入り込む余地をつくる必要があります。私は、ルハン・マトゥスがその文章で読者に関わることを通じて、また彼という手本の寛大かつ完璧な誠実さを通じて、全地球的な意識に対して彼が成し遂げた貢献に常に感謝しています。彼は、みずからの無欠性の中に完全に生きている存在です。そして自分自身の方法で真実の道を思い切って選択するように人々を鼓舞することによって、彼はみずからの特質をこの世において稀有（けう）ではない、ごく一般的なものにするという、非常に貴重な評価しがたい立場にいます。ルハンが自分の責任と才能の双方として示したことを個人的に適用した結果、彼は、はるか銀河的な性質にまで旅をして、みずから吸収したその秘密を分かち合うべく戻ってきました。

私はこの貴重な星屑（スターダスト）の種子が、あなたのヴィジョンの中で開花することを期待しています。そして、この世界に対する新しい見つめ方を通して、あなたが自分のスピリットを開花させ、成長させ、そのような純粋な表現を可能にする現実をつくりだすことを願っています。

ナオミ・ジーン

イントロダクション　：ナワールの世界へ

ルハン・マトゥスに最初に会ったときは、私の人生においての一大転機でした。それがどのような規模や影響力を持つのか、当時は決して想像できませんでしたし、今でもまったく推し量ることはできません。私は、ルハンのことを何年も知っている親しい男性の友人を介して出会いました。友人は私に、このとらえどころのない人物の豊富で魅惑的な経験についていろいろと話してくれたのです。私は彼の話に興味をそそられました。その話は、明らかにたくさんの個人の力（パーソナル・パワー）を持ち、誰よりも私の友人の人生に影響を与えた、独自かつ予測不可能な人物像を描き出すものでした。

街の喫茶店で初めて会ったとき、ルハンが中国系でないことに驚きました。というのも、多くの話を聞いていた私は、癖のあるユーモアを好む、年をとったいささか変わった中国系の武術家を想像していたからです。ルハンは優しく親しげに私を迎えてくれ、私の反対側の席に坐りました。私たちにはあまり話すことがありませんでした。明らかにどちらも雑談をしようとは思わなかったのです。しかし、そこに坐っているあいだ、彼の注意力がこれまで出会った人たちの誰とも違っているのを感じました。ルハンは私に何を考えているのかを尋ね、私は彼があらゆることに鋭く気づいていると感じると答えました。私はそこで起きたそれ以外のことをあまり覚えていません。ただ、彼の強健な肉体の存在感に衝撃を受けたこと、エネルギッシュであると同時に控えめなことに気づいたのを覚えています。私はまた、私の友人に対する彼の寛大で気取らない愛情や、友人が彼のことをたいへん尊敬していることに深く心打たれました。

とはいうものの、ルハンに関する何かのせいで私はとても狼狽しました。すぐに彼を好ましく思ったにもかかわらず、彼の存在はいろいろな種類の奇妙な感情をかきたて、居心地の悪さを感じたのです。私たちは散歩に出かけ、さらに少し話をしましたが、エネルギーがスムーズに流れない、わずかなぎこちなさがあったので、実際には特に何かについて話したわけではありません。私は自分が暴かれるような感じで、「不自然」だと感じました。というのは、自分が見られることに慣れていなかったからです。私はこれまですべてに気づいている者であることに慣れていて、物事が起こるのを見る立場に立つと、自分がとても明敏になっている気がしたのです。三十分ほどたって別れの挨拶をした頃、見た目は気楽でリラックスした会話だったものの、私は極度に緊張した感じがしていて、スポットライトの当たっている場所から出るのが待ちきれませんでした。別れる直前にルハンの眼を見て、自分が真に見透かされていると感じました。それが私を防御的でかたくなにさせていたのです。彼は私にどうかしたのかと尋ねました。私はすぐに自分をチェックし、何でもないと答えましたが、彼がいることで何かが誘発され、激しく混乱しているのがわかりました。彼はさようならと手を振り、私を動揺の中に置き去りにしたまま車で去っていきましたが、実際には何も「起こって」はいませんでした。

友人と私は少し歩き、どこへ向かうのであれ、そのまま歩き続けました。私は頑固でよそよそしく、異様な気分の中にいました。友人はいたずらっぽく眼を輝かせて尋ねました。「ルハンのことをどう思った?」

私は、「ルハンは好ましく思えたし、それは本当のことだけど、自分の中で起こっていたことにやきもきしていたの。それについて心を開く準備ができていなかったし、自分がそこで進行していたことをまったく制御できないと感じていて、それが私をひどく傷つきやすくして、私を根幹から脅かしていたの」と言いました。次にわかったのは、自分が感情的な溶解を体験していたことでした。私はさびれたバス停でとまり、そこに座りました。眼を見開き、大声でわめきたてながら息をして、友人に何が起こっているのかを説明しようとしました。ルハンのそばにいたことで私の性格の最も深い妥協的な面に直面したことがすぐにわかりました。ルハンは、私がこれまで会った人の中で、みずからの無欠性の中に完全に生きている最初の人間でした。私はこのことを、不可避的かつ細胞レベルで、議論の余地なく知りました。その感覚が私の核心までをも揺り動かしたのです。彼のそばにいたことによって、自分自身に率直に生きるという大きな要求をつきつけられたのです。これまでのあいだ自分がずっとそうしてこなかったこと、それに伴って生じたすべての欲求不満、自己不信、否定や重みが、積み重なった感情の爆発となって表面に激しく浮かび上がってきたのです。私の反応には、怒り、自己憐憫、安堵、希望および恐れといったあらゆるものが含まれていました。

これについて書いているときでさえも、このときの記憶が呼びさまされ、カタルシス的な解放がもたらされました。あるとき私がこのことをルハンに伝えると、それは感謝を示す私の内的な存在だと、彼は言いました。というのは、私が自分自身をすっきりした視点から見ており、その視点が私の知覚を高めて、以前よりも多くのものを包含し、同時に自分の目的を思い出しつつあるからだというのです。目的とは私のスピリットの本当の表現だとも言います。彼はこの体験について次のように言いました。「その体験は、人を永遠の感謝の状態に連れていくひとつの回復で、そこに存在するものはとても美しくなる。なぜかといえば、この世界で自分には可能性(チャンス)があるということに対する深い感謝の念の中に君の基盤が置かれるから。それは澄みきった心臓を持つ戦士の謙虚さだよ」
これらの体験が生じてから何年も経ちました。私はルハンによってもたらされたこの機会——私のヴィジョンのフィールドが開かれたこと——に対する感謝の念に今でも満たされています。私はこのときの出会いによって、優しさ、一貫性、魂の栄養となる広がりだけを見出し、またそれまでなかった参照点を得ました。つまり、私の永遠の自己にもっとしっくりとくる状況、感謝とすっきりした気持ちの中で流動的でありながら力強く地に足をつけて機能する土台が得られたのです。

だからといってもちろん、すべてが癒され、完了し、完全になったわけではありません。私は日々、そして長期的にも、個人的な障害を乗り越えようと闘っています。他の人たちと同様に、私の道は課題だらけで、継続的にもっと寛大かつ謙虚になろうと努め、建設的であっても、反応的だったり、利己的だったり、ひとりよがりにならない形で私の〈激しさ〉を切り開こうとしています。多くのエネルギー、または子宮を持っている結果生じうる病的状態についてルハンは話しています。私はその両方を持っており、困惑や不満によって、気分が重くなったり、不機嫌になったりするのが、どのようなことかを確かに知っています。私たちがそこら中に飛びかっているすべての投影や隠された思惑（アジェンダ）に気づくようになると、そこには闘いがあります。それは、人々が無制限に互いに与え合っている否定性やその付着物に気を荒立てないようにする現在進行中の闘いであり、また今日、あまりにも強く支持され、機能不全の社会的な風潮となっている〈否認や偽善と戦おうとする〉のをやめるという闘いです。私たちにはやることがあまりにもたくさんありますが、それはおもに私たち自身に対してなのです。

　やってくるものの非個人的な流れに対して、意味、同一性（アイデンティティ）、感情を突きとめようとせず、個人的に受け取らず、何も付けくわえずにいることが真の挑戦です。私たちは生き残るために、多次元的な流入からの断片を縫い合わせ、広範囲にわたる区別をすることによって機能しており、それを考慮すると、過去そうだったように「物事をそのままにしておく」のはほとんど本能に反することです。しかし、これは実際には制御不能となってしまった生存メカニズムなのです。知覚のフィールドに入り込むものすべてを名づけたり、分類したりすることは、実際にはそのフィールドを狭くして、それを私たちが見ることさえしない檻（おり）に変えます。その結果、見出したものを映し返すように設置された身元確認（アイデンティティ）の鏡を私たちは今、粉砕しなくてはならなくなっています。そして、意識と無意識双方の共犯により、現状を永続させている私たちの責任を認める必要があります。

　干渉することなく観察するという原則は、ルハン・マトゥスの最初の本『平行的な知覚に忍び寄る技術』（ナチュラルスピリット刊、二〇〇九年）で最前線に持ってこられましたが、私にとって最も貴重な概念のひとつです。このシンプルな教訓は、計り知れないほど実用的で、想像するよりもはるかに深い意味を持っています。〈主観的な知覚〉と、〈見ることが「現実」におよぼす影響〉とのあいだにあるつながりを意識するようになることは、私たちの進化にとって何よりも重要です。私たちが世界とその構成要素、特に私たち自身と、私たちが接触する他の人々（私たちの直接体験とメディアを通してのそれの両方）に対する見方に、瞬間瞬間に責任をとるようにならなければならないことがますます明らかになりつつあります。

私たちが知覚するたびに、自分たちの世界である多次元的な夢をつくり、それに影響を与えているのを理解することがきわめて重大です。何かに気づくこと、あるいはその瞬間にそれが何かを見ることと、見解や確実性となっている視点の中に固定されたものを保持する行為とのあいだにある違いは本質的に区別されなければならず、それが振る舞いや態度の中の違いとなっています。何かを知覚するとき、徹底的に評価するのであれ、また一瞬のうちに判断するのであれ、それはたとえ短時間でも、かなり「完全」なものになり得ます。私たちは観察しているものの現実に対して自分の知覚を提供し、細胞レベルでの自分の特別な見方で、その現実に影響を与えます。私たちの日常生活の中でこの現象の証拠を認める方法は、とてもたくさんあります。対人的な相互作用に関しては、さまざまな人々と一緒にいるときにこれをはっきりと体験できます。

もし私が自分自身に対して限られた、あるいは厳格な見方をしているなら、それがより大きな可能性の意識さえも切り離して、私が達成することを制限し、みずからの成長を停滞させてしまうでしょう。もし私が他者を限られた視点で見ているなら、その知覚それだけでも彼らが自分の能力を表現するのを抑え込んでいるかもしれません。なぜなら、細胞レベルで伝達されるその注意力は、感覚領域で抑圧の雰囲気を持続させるからです。投影されたものは、たとえそれが他の人ができることに関する意識的な判断や考えでなくても、あるいは隠されているにしても、波及効果を持ちます。この精神転移（意思伝達）は、個人の不均衡あるいはとらわれを通じて発生する感情という形でしばしば現れます。そこにかくまわれた感覚が、近くの状況あるいは人間のエネルギー場（フィールド）をひずませるエネルギー放射に翻訳されます。私たちは、このレベルの影響に不注意であったり、無意識であったりするわけにはいかないのです。

私たちが世界を知覚して確証し、またその世界に貢献する方法について、考慮することはたくさんあります。そして、私たちはその結果を、ローカルな意味でも、グローバルな意味でも目撃できます。人々がしばしば繰り返しの知覚グリッドに意識を集めて、「物事っていうのはそういうものだよ」と言うのを聞くと、私は深く心をかき乱されます。これは、ほとんどいつも、「人生」がどれほど困難で、不公平で、退屈で、世俗的で、残酷だろうか、という主張なのです。ほとんどの場合、こういった言葉には周囲からの同意が強く求められます。同意がなされなければならないという強い期待がここにあるのです。もし、人生についてのこの集合的な知覚の重力を通じて、病的で限定された不可避の態度が持っているこの波及効果を考慮するなら、これは一種の狂気であり、非常に有害な自動性（オートマティズム）です。私たち皆にはっきりしているのは、世界は悲劇、不公平、不正に満ちており、これを否定するのは無駄だということです。しかしながら、現実の共同創造者としての私たちの責任には、自分の意識を拡大することも含まれます。つまり、周囲の環境によって私たちにもたらされている息のつまる制限に同意するのを拒否し、今いるところを超えて見る能力を奪う否定的な意識の状態から積極的に離れることも責任の一部です。

干渉することなく観察するとは、物事を微細な流動という真の状態にあらしめる様態のことです。つまり、社会的な条件づけや個人的な思惑とつながっている心的ドグマや感情的なエネルギーの詰まった柔軟でない視点で厳格性あるいは停滞の中に物事を保たないようにするということです。社会的な条件づけや個人的な思惑を持っている人がそれを認めるか、認めないかはともかく、この原則の実践を引き受けることが、現在進行中の課題です。

私たちは「行為の最中に自分自身をつかむ」可能性があり、そうすることで私たちの知覚の質を認め、気づく必要のあることを吸収し、新しい入力情報を偏見のない場所に持っていって、これらの知覚を解放します。こうして私たちは、別な視点から物事を見て、進化する理解力の中でより完全になる可能性が持てます。それによって観察する対象の状態をゆるめて、それが一瞬前にそうであったもの以外のものに自然になるようにさせます。裁き（判断）あるいは不可避の態度を手放すことによって、その可能性を迎え入れることが、真の進化への道である学び、拡大、変容のプロセスを積極的に養います。

干渉することなく観察する実践により、新しい自己意識が生じ、それと共に私たちは知覚者として、すなわちこの世界の創造者としての自分が何者かであるかを知りはじめます。自分が習癖、社会状況、肉体性あるいは繰り返される内省と同一ではないことを次第に発見するのです。この理解は、おごそかな責任と、真に解放された自覚の双方として身にしみて感じられます。それは、単純に自分の現実の知覚を通して世界を変える、そのような力を持っているのだと認める能力をもたらすのです。自分が観察するものに干渉せずに自分の意識に関与するという、偽りのない現在進行中の、意思の結果として生じるものがあるという見方は、過小評価できません。とはいうものの、完全な客観性を達成するのはほとんど不可能ですが——というのも私たちは皆、みずからの主観性に従属しており、「観察者」の位置に立っても、その内省に合わせるようにと環境に圧力を与える立場にまだいるからです——私たちは、自分たちの意識の特質となる、流動性のための知覚の中のスペースをつくることができますし、そうすることで制限された枠組みから自分たち自身と環境を解放するのです。

これについて論じることは、言葉によるとりとめのない話や論争の潜在的な発生源で、知的な意味では興味深いかもしれませんが、最終的には責任をとるということから私たちを引き離してしまいます。つまり、自分たちの世界の性質を形づくり、その相互作用の質に貢献するという私たちが担う役割に対する責任を放棄させてしまうのです。私たちには、自分たち自身とその環境を解放する機会があります。常に私たちに示されている潜在力の微妙なバランスに重くのしかかっている先入観、予想、判断、自己永続といった重荷なしに、瞬間の表現を開花させる機会があるのです。自分の固定に気づいたら、それを手放すことによって、みずからの解放への通路を開くことができます。そのとき現れるのは、過去の経験に関連づけられること以上の、無限に多くのものです。過去の経験によって私たちは自分と世界を定義することにあまりにも慣れているのです。この気づきにより自分の責任に近づくことは、計り知れないほどの深みと多次元的な派生効果を持っています。それは、このようにして進むことを選択する者は誰であれ体験できるものです。

今や私とルハンとのつきあいは長年にわたり、時間も手伝ってくれたおかげで、最初の出会いでなぜ私があのように反応したかがわかってきました。そして、この対面と、その後に広がった見習い期間のあいだに生じたことを把握しはじめました。ルハンはかつて私自身の性格の特徴となっていた刻印を無力化することに私を引き込み、固定した意識の束縛と、恐ろしいほどの付着物から意図的に私を引き離したのです。彼は、理不尽な制約を長引かせているそれまでの停滞状態が再び現れないようにする、実時間（リアル・タイム）のフィールドに私を連れていってくれたのです。堕落や妥協なしに、自分自身であるという単純な行為は、変容のための最も強力な触媒です。私は今、日常的な意味において、無欠で、真実に満ちていると自分が信じることを具現化するのが、この世界における私の最大のチャンスであり、それ自体が他の人を高め、その人自身が自分の本当の姿とより深く結びつくのを手伝うことになるのだと、かつてないくらいはっきりと認識しています。これがみずからを高めるという幸運を得た女のナワールとしての私の責任です。それは男のナワールとしてのルハンが、彼に伝えられたものすべてを与え、それらの教えに忠実であり続ける責任を担っているのと同様です。

ナオミ・ジーン

第一章　ナワールの責任

ナワールは変性知覚の持ち主で、その知覚は夢見あるいは明晰な予知状態のどちらかを通じて、口頭で、もしくは次元間的に伝えられます。ナワールの責任は、その第三の眼による「見ること」を通じてもたらされる永遠のこだまを取り入れ、それに応じて行動し、それを伝えることです。

第三の眼の知覚は、誰にでも備わっている能力です。ある人たちは、二百か三百かのエネルギー区画（コンパートメント）でその知覚能力を働かせる力量を持って生まれます。他の個人は、四百のエネルギー区画を持つほど恵まれていて、この後者の人々がナワールとして知られています。ナワールの責任は、想像不可能なものを思い描くことで最初の推進力を供給し、自覚を分け与え、その自覚を深めるようにさせることです。この能力は、既知と未知を横断する拡張網（ネット）として活用されます。その網は、精霊（スピリット）のささやきとなるひとつひとつの多様性の中で、それ自体に戻るひとつの中心のマトリックスから、絶え間なくすくいとり続けます。

この見方を説明するために数の象徴を使いましょう。もしわれわれが、さまざまな配列で果てしなく組み合わせ可能な四百の要素を持っているなら、表されるポテンシャルは巨大です。二百または三百の区画でも、これらの要素の可能な組み合わせは、実際には限りがないほど大きなものになります。それにもかかわらず、ナワールの最初の推進力が既知の境界を打ち破るのに必要とされ、他の人がその個人的な配列の能力の中でその果てしなさを横断できるようにするのです。

イントロダクションでナオミが述べたように、女性は子宮を持っているために予知意識の広大な範囲の中で活動できる並はずれた能力を持っています。なぜそうなのかというと、子宮はその知覚の網へのアクセス手段を持っており、もともと知覚の網となるようにつくられているからです。したがって、個人の第三の眼の意識の能力が、子供が生まれる前でも、女性のその能力と組み合わせられ、それにより活用されるのです。感覚器官としての子宮は、それ自体果てしない未知という計り知れない要素を引き出す能力を持っています。子宮は、女性が子供を産んだことがなくても、予知意識に向かう主要な後押しとなって、この果てしなさにアクセスできます。

唯一の欠点は、女性が深い病的状態に陥る可能性があることです。したがって女性は、もともとの病的状態に邪魔されずに意思疎通をする導管および刺激としての心臓のおもな機能を支配する振動要素にアクセスする軽率な行為を控えます。この病的状態は、コントロール要因に力を与えてしまうのです。同時に起こるあらゆることに気づくという形で現れるこの機能は、女のナワールだけでなく、男のナワールにも同様に影響を与えます。したがって本質的に双方は自分たちが見るものの複雑さの深みに落ち込む前に、コントロールされた愚行**（原注：起こっていることを完全に認識していながらも、状況の結果に執着しない無形性、形のなさのこと）の状態に達することが極めて重要です。そうすることによって、忍び寄りの技術（原注：自己満足のために誰かの現実の中の要素を狩る、あるいはそれを追跡すること）として知られる、果てしないループの中で迷子にならずにすみます。

　こういった種類の振る舞いの様式に身を浸すには、見る者の知覚を導く状況設定や儀式ばった場として現れる要因を厳格に守ることが必要です。多くの系統はこの原則の複雑さの中で失われました。したがって、コントロールされた愚行の技術――内なる見る者を見つめ、自己満足を求めないこと――に再び直面しなければなりません。それは、忍び寄るのに必要な注意力の中に専念している状態から人間性を自由にするためです。そうすれば、われわれは自分の身元（アイデンティティ）を失い、その都度現れるこの瞬間にだけ知ることができるものに対して自分を役立てるようになるでしょう。われわれがコントロールされた愚行の技術をさらに実践するにつれ、われわれの閉じ込められている状態は、無限それ自体に直面します。

未知に直面することは、どんな人間存在の知覚の限界をも引き伸ばします。たとえ、その人がどれほど流動的であろうと、またどれほど多くのエネルギーを扱うことができるかに関係なく、です。生身の人間が永遠に直面するには、通常の知覚を超えたしなやかさが要求されます。そしてそこにこそ第三の眼がかかわります。第三の眼は、自然によってベールに覆われているとみなされなければなりません。このベールは、過去、現在、未来の出来事からくる情報の複雑な流入をろ過(フィルター)します。それが見る者の歩く道の順応性を不可避的に定めるのです。第三の眼の知覚の網の中には、見る者へと戻ってくる前もって決められた力があります。これを受容することにより、彼らは心臓から言いつけられることを行います。それが、彼らが歩かなければならない道の輪郭を描くのです。

もし見る者が、それ自体を現し、彼らの完璧さの境界を越えて語りかける、近づいてくる複雑さを目撃する絶対不屈の状態で待機していなければ、根気よく待っているものは到来しません。こうすると、非干渉のとらえどころのない状態から投げ出されて、社会環境の制限された境界の中で結果を予測する者の世界がはじまり、永遠の感触は終わりを告げます(例：忍び寄り)。この場合、投げ出された網は調節され、安らぎのない、果てしない予測性

＊＊訳注　controlled folly：カルロス・カスタネダの一連の邦訳書では、「管理された愚かさ」等とも訳されている。

になります。人の意識に何の印象もないイメージを残すものに、軽く触れることが肝要なのです。

普遍的な光の繊維

私は深い瞑想状態に浸されているとき、高められた視点で、宇宙空間のはるか彼方からこの世界を見ていました。突然、自分がそれまで見ていた現実の背後に連れていかれたことがわかりました。私はたちどころに無数の光の繊維がより合わさったものに直面しました。その繊維はそれ自体で意識を持っており、元来、ランダムに機に乗じて何かをしようとしているように見えました。相互作用をする時点で、繊維がその配列の中で、そこに現れた意識に応答し、宿主の意志を使ってその意識（それが元来、有機的であるか無機的であるかにかかわらず）の反映や制限に応じた構造物を現すことに気づきました。

私が彼らを意識していることにその繊維が気づくと、何らかの形で私は彼らの背後に放り出されました。すると星のまったくない完全な暗黒の中にいる自分に気づいたのです。計り知れない暗闇で、情報がぎっしり詰まっていながらも、何も反映していませんでした。どんな特定のものもそこに認めることはできません。たとえ目撃者としてであれ、ごくわずかな個人の痕跡さえもこの場所には居続けることができなかったのです。

　その時点で示されたものを知覚すると、何百万もの眼が私を見ていて、自分が単に知覚しているのではないことが伝わってきました。この知覚が粉砕力となって私の存在に押しつけられると、自分が多重的な視点から自分自身を見ているのを感じました。多くの眼が私に押しつけられていて、それらは私がそこで――何らかの意識が通常、到達し得ないところで――やっていることを知るようにと要求しているようでした。このように見られて孤立しているというのは、そこに果てしないあこがれが示されているという点で耐えがたいものでした。

われわれは全時間から
自分自身を目撃している。
われわれの思考と行動は
永遠の隅々までこだまする。
それらは注目され、
われわれ自身にふさわしい形で
映し返される。

私が知覚していたのは、遍在する自分の第三の眼の能力でした。その時点で明らかだったのは、私は自分が当然そうであるとみなしていた個的な実体ではなかったけれども、私がその次元の中で遭遇した知覚は私自身だったことです。この遭遇を生き抜くことができた私はとても幸運でした。私は、この視点から自分が見られることに対処できなくてよかったと気づきました。そのときの圧力はあまりにも強烈で、多重的に私自身によって見られていた私の個的な存在は、もしかすると爆発して光になり、おそらくは別の旅を続けることになっていたか、もしくはその旅はその時点で終わっていたかもしれません。私にそれを知る方法はないし、推測するのは愚かなことです。そこで起こったのは、私が生きた構造物の中に舞い戻ったということです。他の見る者は、この体験を「深淵に飛び込む」と説明しています。

私がその時点で理解したことは、意識を通じてつくられているそれぞれの生きた構造物は、それに対応する光の繊維だけによく通じていること、その光の繊維は、特定のエネルギー配列がそれらの意識の帯の中に存在する結果、実際に認知可能なものとして現れるようになるということでした。この規則はどのレベルでもそうで、つまり、構造物はその意識の相関グリッドに対応するのです。個人的にも集合的にも広がるためには、われわれの意識を導く共伝導力〔communal conductivity〕が必要とされます。この伝導力は、すでに普遍的に秩序化されたものを各人が知り、示されているものに従い、個人の欲望により指図してはならないことを要求しますが、それでも個人の欲望は、意識の言明を支配します。なぜなら、その言いつけがその人の個性の真の表現となるからです。実際に、われわれは存在するようになる、つまり生まれることで、第三の眼の能力は宇宙全般と連結され、未知は何が既知になるかをすでに知っています。たとえば、もし見る者が不可知の広大さを横断するなら、その脆弱な存在は、その存在の限られた時間枠の中でもともと存在していたものを必然的に振り返って見るであろう断片に分解していくでしょう。たとえ、その存在が無限であったとしてもそうです。過去のものを見る時点で、それらの存在は、あたかもそれまで存在していなかったかのように、現在あるものへと不可逆的に吸収されます。こうして宇宙の性質が明らかにされます。これが明らかになる過程で、もし見る者がこのような遭遇を生き抜くなら、その者たちは不可知の断片を取り入れて、それを知恵のささやきに変えます。後にアクセスされる筆舌に尽くしがたい思い出となって、想像不可能なものを思い描く可能性をもたらすのです。

光の繊維は、われわれの構造物をそのままに保ち、われわれの生きている世界を形づくるエネルギー的なまとまり（ユニット）です。それらは、われわれの欲求や欲望により相互作用します。これが、われわれの途方もない予想を超えて拡大する第三の眼が持つ計り知れない力のフラクタル効果により、現実の構造に影響を与える能力となります。それは、未知の要因に常に接続されているという事実によるもので、その要因は逆に社会的に決定されている制限によっても影響を受けます。まさにこの相互作用が、無数の現れを持つその構造物がどれほど広がっていても吸収力を持つ理由です。またそれは、欲望ベースのシステムが、みずからの輪郭を描いて、既知のものだけを反映し、欲求を満たすだけで、その意識が知覚した必要を超えて行かず、ただ絶え間なく内側に向かう理由です。

入り口のない道

その道は順応しますが、それでもそれは順応しないこと（非順応）そのものです。それは話しますが、それでも話をするその声は、見る者に属していません。見る者は、湧き起こる知恵を贈り物とみなし、そこに備わっている驚きが、示されたイメージ上を移動するのを目撃します。それは、未知からやってきた推進力そのものを持つ言葉に姿を変え、問う者の圧力という媒介物を通して伝えられます。問われることなくしては、自分の知ることを話すことも伝えることもできません。

われわれは親密に互いにつながり合い、ひとつの切れ目のない結び目のように進化的に束ねられています。このようにして、ナワールからナワールへ、ナワールから弟子へと、口承の伝統が続いており、それを受け取る意識に応じて常に変容が生じています。それぞれのナワールの伝達の仕方が異なるにもかかわらず、それはかつて存在していたものを圧縮し、その上に構築されて、おのずと必要なものだけを精製します。このようにして、かつて存在したものをこれから存在するものに変容し、さらに広がりのあるパラメーターが再び確立されますが、それでもそれはかつて知られていたものと結び合わされています。

見る者の心臓は、あてがわれた圧力により伝えられる言葉上を歩くことを余儀なくされています。見る者は、知っていることではなく、見たことについてだけ語ります。知っていることの正しさを確かめることは、状況の中で示されたものにふさわしくありません。もしどんな言葉も話されないなら、見る者とそれを受け取る者のあいだに、無言で行動を促す瞬時の自覚があり、こうして有形世界で未知に対する一歩が踏み出されます。

見る者の一歩は、一瞬しか続かない痕跡のない印象です。この瞬間的な戸口の重力に達すると、かつてあったものの有形性は現在あるものの中に消えて、普遍的なフラクタル化が、個人の力に応じて再び現れようと待ち受けます。これから存在するものに実質を与えるためです。道は、投影されたイメージとして現れ、通常認識されないものに対する認識をもたらす声として適用される内部圧力を明らかにします。

ひとつの人類としてのわれわれの遺産が、その見込みの限られたパラメーターの中にわれわれわれを包み込みます。われわれは、自分たちの現実を反映する固体世界を見るように教えられます。それからわれわれは、話すようになります。話しかけられると、われわれの声は子供のときのその純粋性から浮かび上がりますが、この子供をとりまく複雑な社会化という繰り返しのループを通じて、残念なことに自分自身に話すようになります。子供時代の想像力という形で外部的に現れるイメージにアクセスする代わりに、この能力はみずからに向かって話し、起こったことだけを見るナルシスト的で、内省的な構成要素として内側に向かい、見られたものを永続させます。そして、かつてささやかれたその声、聞いた声は、われわれが例外なく継承する幻影の意識に話をしようと内側を向きます。機能不全の情動と組み合わされたこれが、自分の道としてあまりにも安易に受け入れてしまったわれわれの遺産であり、相続物なのです。

子供時代の純粋性の中で、われわれはひとつの集合体として、自分がなるものになったような気にさせられます。しかし、私がここで話をしたい相手は、完全に成熟した人間存在です。自分の真実の自己と、その中に本来備わっている力から、自分が切り離されているかもしれないことに注意してください。この本の中に書かれている古代の技法を通じて、かつてあったものの今まで失われていた道を最終的に発見できます。そうすることで皆、集合的に見るという旅を再び始めることができますここで言っているのは、内部的なイメージのすべてを、外部化させるようにしなければならず、内側に現れるイメージを所有してはならないということです。なぜなら、それらはわれわれに属するものではないからです。それらは、われわれの不可避性、つまり死の最終指令に属します。この死という結末そのものが、かつて描写されたのと同じ方法でそのイメージを見るのです。われわれの不可避性は、過去のものを取り上げ、自分が誰だったかをあなたに見せるでしょう。そして、この究極の横断はそれ自体、衝撃的です。人は、自分の旅で失ったものを見るという永遠のあこがれのとりこになります。われわれは自分のしたこと、現前した生の状況に対して正しく振る舞わなかったという辛（つら）い不満に直面するばかりなのです。

　しかし、魔法的な戸口が常に現れます。それは、われわれの存在に目に見える効果を残し、前人未踏となった道の途上を旅しているという印象をもたらします。この無形の目的を達成するために、自分の内部の映像イメージを所有しようとするコントロールを手放し、それが永遠の指令となるようにしなければなりません。これが真の見ることであり、それはどこでもないところから投影されるかのように現れます。そして、人は子供としてかつて見ていたように見ます。しかし、この見ることは、崇高な能力が成熟して現実化するという形で再び現れるのです。やってくるイメージは常に、人がこうあるべきだと考えることではなく、本来のそれ自体のあるべき姿を待ち受ける純粋な心臓の指令と知（知ること）を指図する情報のまとまりとして見られるでしょう。この魔法的な戸口に達するために、自分に話しかけないようにして、手段のための目的を正当化する情動の土台に話しかける心を沈黙させるよう努力しなければなりません。それでもわれわれは皆、われわれが横断することになっているのは、その目的のための手段ではないことを知っています。

一度、この単純ではあるものの複雑な課題が成し遂げられると、自分に話しかけないようになった人たちは有利になり、自分に夢を見ないように命じます。そうすると、これらのイメージの力はやがて道となる外部イメージとして再び組み立てられます。これが、われわれの第三の眼の視覚能力です。

いくつかのシャーマニズムの世界では、起きているときの世界は第一の注意力として叙述され、夢の世界は第二の注意力だとされます。これがわれわれの伝承であり、遺産です。すなわち、われわれの存在そのものと、われわれが夢見るものが、伝承であり、遺産なのです。この本の技法は常にこの固定を変更し、そうすることで人類は第三の注意力として知られるものに巧妙に踏み込んでいくことができます。第三の注意力とは、常に永遠の言明に導かれている魔法の余波（スリップストリーム）のことです。この微妙な糸の上で、現代シャーマンの道が今や明らかになりつつあります。それでもここで明らかになることは、すでに知られていたことを伝えるにすぎません。したがって師は導管であり、忘れてしまったことを求める人たちに自立の手段をもたらします。師は、入り口のない道に実質をもたらす、エネルギー的な媒体を思い出させる者です。その道は、これまで見ることができなかったものを認めることによって見出されます。

第二章　ナワールのささやき

この本が書かれる過程で、特定の教え子たちが内容の抜粋を読むように奨励され、それによってとても興味深い質問と答えが生じました。本章はその質問（Q）と答え（A）で成り立っています。

Q

われわれは新生（emerging）の見る者として、第三の眼の視点の（二百、三百、四百の）蜂の巣状の能力の状態をどのようにしたら確かめることができますか？　この構造に気づけるようになることが重要なのですか？

A

人は浮上する（emerges）ときに、見はじめます。私は自分の中にこの能力を目撃するという幸運に恵まれました。それは、私の恩人に接触したことの副産物だったのです。私は彼がこの蜂の巣の迷路を操作するのを見たし、そのようにして彼は見る者としての私の能力をアレンジし直したのです。私は、これまでこのようなことがなされたのを聞いたことがありません。しかし、だからといって、それがこれまで起こったことがなかったというわけではありません。

先の説明で、自分の力で私はその能力に直面させられたと書きました。** 数えきれないほどの位置から私を見つめる無数の眼を見たことについてです。人が見るとき、その人はおのずと見るものを知ります。人はそこに含まれている数をおのずと知るのです。それは単なる規則です。しかし、その規則がその能力——すなわちその人の意のままになる四百、三百、二百の区画を持っているかどうかという各個人の生得的能力——を支配しているわけではありません。戦士の力そのものが、人生の道筋を決めるこの特定の能力の組み合わされた力と共に働くそのしなやかさを決定するのです。

ひとたび戦士たちがこの計り知れない組み合わせを心に描くと、彼らはあらかじめ定められた目的地に向かって適切に動きます。そして、落とし穴や失敗がその道において生じることも考慮されますが、もし試練や苦難がみずからの運命を決定する最高峰へ連れていってくれるのであれば、それらを落とし穴や失敗だとみなすことはできません。ナワールの能力を持つことには利点があると言えるでしょう。しかし、この能力自体が、不屈に継続するその完全性を不動のものにする能力に応じて得られるものなのです。

Q あなたは、「それにもかかわらず、ナワールの最初の推進力が、既知の境界を破るのに必要とされ、他の人がその個人的な配列の能力の中でその果てしなさを横断できるようにする」と言います。これが意味するのは、ナワールが公表した知識体系に触れることで十分ということですか？　それとも直接の接触が必要なのですか？

A 直接、接触することが常に有益です。また、自分自身を信じることも有益です。ナワールは、その人が自分の見ることを実際に信じることにより、疑いを取り除く推進力を与えます。彼らは、出会う人それぞれに応じて、絶対的な適切さでベールを切り裂きます。しかし、私がここで分かち合っている知識体系は、戦士が段階的な活動を開始する手段をもたらします。私は恩人から多くの手段を与えられましたが、みずからの自由のために個人で闘おうとする人々に、これらの技法をまさに今手渡しつつあるのです。

＊＊訳注：「普遍的な光の繊維」の項を参照

Q

「ここで言っているのは、内部的なイメージのすべてを、外部化させようとしなければならず……」

この移行の特徴は何ですか？　それは内部的なイメージと認識可能な区別があるのですか？　つまり、それが生じるときに、私たちにそれがわかるのでしょうか？

A

はい、それが生じたときにはすぐにわかります。戦士が見はじめると、イメージがその人の外側に現れて、一瞬にしてそれを見ます。このイメージの中に含まれるのは、現在の状況に関連した情報か、もしくは本質的に予知的なものかもしれません。人は、見るときに常に知ります。したがって、自分が何を待っているのかを知ることが大切です。

Q

「第三の眼の知覚は、誰にでも備わっている能力です。ある人たちは、二百か三百かのエネルギー区画（コンパートメント）でその知覚能力を働かせる力量を持って生まれます。他の個人は、四百のエネルギー区画を持つほど恵まれていて、この後者の人々がナワールとして知られています。ナワールの責任は、想像不可能なものを思い描くことで最初の推進力を供給し、自覚を分け与え、その自覚を深めるようにさせることです」

人の能力に応じたその配列の正しさを確かめることが大切なのですか。ナワールは自分がナワールであるのを知っています。なぜなら、彼らは別なナワールからそのようなことを知らされたから——というのは正しいですか？　この認識はどのようにして生じるのでしょうか。同じような意味で、ナワールでない私たちにとって、これらの配列を見ることができる他の人に、私たち個人の能力という点で、私たちが何ができるかを認識してもらうことは大切ですか？

A

ナワールが別のナワールを識別するのは単純なことです。それぞれ互いが面前にいると、そこには快適さ、達成感、強化作用があり、そしてもし永遠が適切だとみなせば、第三の眼のベールが解き放たれ、古参のほうが新参者を、その人が本当は何者であるかという観点で見ます。これが実際にどのようになされるのかを見極めなくても、私自身、他のナワールを見出したことがあります。やがてベールが持ち上げられるとき、私のことを知っている人たちは私を見るでしょう。見ることは、あなたの能力に応じて明らかにされ、絶対的な確実さで、それをそうと知るのです。

かつて重要だとみなされていたのは、すべての配列が記載され分類されることです。

これはもはや主要な関心事ではありません。分類は身元確認（アイデンティフィケーション）につながります。今や唯一、重要なことは、ナワールのエネルギーの援助を得て、それによって、もしその人がナワールであれば、未知に浸されて、身元（アイデンティティ）をなくすことです。唯一、身元をなくすことによってのみ、人は真に先導できます。だからこそ、固定された境界の確立によって支配する規則、その規則をつくるものを信じないことが最も重要になります。これらの境界こそ、まさに除去されなければなりません。ナワールの余剰エネルギーは、主たる指令を識別します。ひとたび主たる指令が知られるようになると、あとはみずからの完璧さの境界の中に生きるそれぞれの個人に委ねられます。この完璧さ自体の中で、ナワールは何かを支配しようとはしません。

Q

「われわれは全時間から自分自身を目撃している。われわれの思考と行動は永遠の隅々までこだまする。それらは注目され、われわれ自身にふさわしい形で映し返される」

　これが何を意味するのか私には想像さえできません。それを試みようとすることが重要なのですか。それともコントロールされた愚行の状態を保つことで明らかにされることとして、単に受け入れるものなのでしょうか。言い換えれば、コントロールされた愚行は、この世界で進化する上で、私が唯一やるべきことなのですか、あるいは、私は自分自身のために他者の知の拡大された境界を体験し、その体験について瞑想すべきなのでしょうか。

A

あなたの体験が、あなたの道筋を明らかにします。あなたが待っているものは、すでに現れています。一人一人の旅は、さまざまな種類の樹木それぞれがさまざまな果実をつけるように、異なっています。人の意識にそれぞれ傾向があるように、その活動と成長は人の体験が実る段階で頂点に達します。

Q

「この本の中に書かれている古代の技法を通じて、かつてあったものの今まで失われていた道を最終的に発見できます。そうすることで皆、集合的に見るという旅を再び始めることができます」

コントロールされた愚行が必要だということと、「技法」の実践が必要だという見解を共存させるのに困難を覚えます。どのようにしたら、それができますか。絶えるとのないコントロールされた愚行の状態にただ単に自分自身を明け渡すだけでは十分ではないのですか。

なぜわれわれは、それ自体を現している、われわれに必要なものすべてに対して自分を開くこの状態の中に身を置くために、儀式化されているように見える「古代の技法」の実践が必要なのでしょうか。それはまるで何か古代のものが、それ自身を存在させようとして、しつこく忍び寄るかのようです。それ自身のためにみずからを現すという自然な限界を超えているように思えます。もちろんこれは推測ですが、それでも疑問が生じます。質問する自由を与えてくれて、ありがとうございます。

A

はい、あなたのおっしゃるとおりです。その疑問は必要なものです。これらの技法が一度活用されると、それが眼を封印してしまいます。われわれが現時点で意識している、これまでに構築されてきた現実により、われわれの眼が封印され、プログラムされてきたのと同じように封印してしまうのです。われわれを閉じ込めているのは、今日の意識の儀式ではないでしょうか。私は手段である技法を与えられました。心臓のセンターから太陽神経叢を経由して、クラウンに至るまでのチャクラを活性化する手段です。そうすることによって、低い領域に下降させないようにするためです。この低い領域では、自分が何者かだと思い上がったり、思い違いをしたりするようなことはすべきではないのです。

われわれは、失われた生命力よりも主たる動機のほうが価値のあるかのように互いに反応し、影響をおよぼし合っています。たじろいで、恩寵を失い、悪癖に逆戻りすることがあまりにも一般的で、それが先祖伝来の当然の帰結かのように受け入れられているのです。しっかりと立ち上がって、自分の本当の声を話すことは、現時点での世の中では非常にまれだし、社会的な制限を超えて話した人が、歴史的に最も劇的な例だと暗殺されてきたのを見ることができます。これが、現在も続いている世界です。

それにもかかわらず、あなたの質問にはっきりかつ簡潔に答えるなら、ひとたびこれらの技法が眼を強化し、青いスペクトルが識別されると、戦士の見ることは、みずからの推進力を得て、次に既知のものからの脱プログラム化が生じ、新しい戸口が正体を現します。一度、これらの制限が自覚されると、永遠の広大さ、第三の眼の能力が優勢になり、私がもたらした技法は時代遅れのものとなります。そして、ここから戦士の真の旅がはじまり、それはどんな儀式化された実践によっても妨害されません。

Q

「他の個人は、四百のエネルギー区画を持つほど恵まれていて……精霊（スピリット）のささやきとなるひとつひとつの多様性の中で、それ自体に戻るひとつの中心のマトリックスから、絶え間なくすくいとり続けます」

　これらのエネルギー区画とは正確にどのようなものですか？　ここで、それらは過去、現在、未来から、世界の集積情報をすくい上げようとする、小さな複数の「すくいとり器（スクープ）」として機能しているように思われます。そうすると、われわれはこれらの区画を使って、われわれの現実あるいは注意力をアレンジするのでしょうか。それらは第三の眼によってフィルターがかけられて、その中に含まれる情報が〈見ること〉になるのですか？

A

　これは答えるのが非常に難しい質問です。第三の眼は普遍的な側面を持っています。その基本的な影響は、原始的な基底から、つまり始まりから、さらにはその全盛期から終わりに至るまで支配されています。人の個人の力によって本質的に支配されている全スペクトルにまで達するその複合拡張性の広範な効果という点で支配されているのです。それぞれの眼はフィルターがかけられています。そうでないと、情報の流入が圧倒的になるかもしれず、加えて戦士の横断は発見の旅だからです。このベールは、私たちが統一されていながらも同時に制限されているという事実に意義を与えます。というのも、もしわれわれが制限されていないと、自身の果てしなさへと拡大してしまうからです。

Q

「光の繊維は、われわれの構造物をそのままに保ち、われわれの生きている世界を形づくるエネルギー的なまとまり(ユニット)です。それらは、われわれの欲求や欲望により相互作用し、これが……現実の構造に影響を与える能力となります」

あなたはここで意図の力について説明しているのですか。光の繊維が必要なのは意図ですか、私たちが意図するもの……すなわち「われわれの生きている世界」をつくりだすために導かれるもの、その際に必要なのが意図なのですか？

A

はい。私がここで説明しているのは意図です。共生的な意図のことです。欲望と、それに対応する光の繊維のあいだには時間の遅れがあるように思われます。自覚しなければならないのは、欲望が成就しなくても、その意思はそれにふさわしい効力を持つということです。欲しいものを手に入れるときもあれば、必要なものを手に入れるときもあります。

Q　あなたは女性の子宮と、女性に利点をもたらす付加的な第三の眼の意識をつくりだす可能性とのつながりを説明しています。もし女性が子宮を摘出した場合はどうなのでしょう。女性は、その利点を失うのですか？

A　子宮が機能しているあいだ、第三の眼の能力は、うわべは限られた時間枠の中で拡張したり、縮小したりしますが、その能力が拡大するもとの時間枠には限りがありません。否定的に思われることは、制限をそのようなものだと知覚することによって、ただそのようになるだけです。

Q　「第三の眼は、自然によってベールに覆われているとみなされなければなりません。このベールは、過去、現在、未来の出来事からくる情報の複雑な流入をろ過(フィルター)します。それが見る者の歩く道の順応性を不可避的に定めるのです。第三の眼の知覚の網の中には、見る者に戻ってくる前もって決められた力があります。これを受容することにより、彼らは心臓から言いつけられることを行います。それが、彼らが歩かなければならない道の輪郭を描くのです」

「この無形の目的を達成するために、自分の内部の映像イメージを所有しようとするコントロールを手放し、それが永遠の指令となるようにしなければなりません。これが真の見ることであり、それはどこでもないところから投影されるかのように現れます」

「イメージは常に……純粋な心臓の指令と知（知ること）を指図する情報のまとまりとして見られるでしょう」

私が理解したところでは、第三の眼はまた、他者がその心眼で見ていることを私たちに見せてくれる能力も持っています。それは、その相手の関わっている事柄が解決していないときに、見る者を混乱させる場合があります。その結果、その前もって決められた力からのイメージだと解釈される投影イメージを生じます。これが、コントロールされた愚行の中にいることがきわめて重要な理由ですか？

A

人が他者の内部的な映像イメージを見るときに、混乱はありません。第三の眼は見ることにおいて正確です。混乱する場合があるのは、もしこの内部的な、最初のタイプの見ることが、それを意識している個人の内部的な感情と組み合わされ、見ることそれ自体に干渉する未解決の感情からの混乱が浮上するときです。だから、見る者にとって重要なのは、この種の意識を超えていくことです。ふたつのタイプがあります。第一のタイプは、あなたが説明するような、イメージが内部的に見られるときです。第二のタイプは、イメージが外部的に見られるときです。

第一のタイプは、見る者が見ることの項目を覚えておき、第三の眼の側面に自分の性癖を強制的に甘受させようとするものです。みずからの欲望の充足に関連した結果を意図するのです。見る者のこの最初のタイプの概念的な知識体系が理不尽かどうかは問題ではありません。彼らはただ単に黒魔術を使って、応答を引き出すために状況を操作しようとして、意のままになるどんな手段も使おうとします。そうすることで、彼らがコントロールしようとする周囲のさまざまな人々が示す反応により、自分自身に教え込んでいるのです。このタイプの活動は、現在の世界で日常茶飯事です。おっしゃるとおり、この見ることの第一の状態をとりまく大きな混乱があります。ある人は他の人よりも能力があります。したがって、支配が繰り返され、絶え間なく続くのです。このような個人の中で使われる主たる要素は、恥、非難、罪悪感で、これらが都合のよい鉄壁の支配力の中に受け手を保っておくのに必要な服従を定着させるのです。

このタイプの見ること、この第一の段階はまた、後者に向かっての幸先のよい一歩ともなり得ます。多くの訓練において、振る舞いの規則が概説されますが、それは初心者を黒魔術から離れたところに導くためです。彼らの見ることが外部的になり、新たな領域（フロンティア）が開かれる幸先のよい瞬間を待つのです。これが生じるには、個人の内部の対話のスイッチを完全に切らなくてはなりません。もちろん、あなたはそれでも計算をしたり、他の必要なことすべてを行ったりすることができます。この能力は、見る者の自由になるのです。

そうすると内部的な映像イメージのスイッチもまた切られるようになります。そうして、複雑な夢見の地下納骨堂（カタコンベ）を第三の眼に引き戻し、第三の眼が永遠によって活用されるようにするのです。この時点で、初心者は眠りにおいて現れる夢をとめるのも意図して、第三の眼の能力をさらに強化し、それが起きているときの世界で活用されるようにするのです。無機的な領域で無機的に活用される代わりに、生きた構造物に根ざした無機的で本質的な要素としての起きているときの世界で、です。こうすると、肉体の中心にそれ自体を位置づける分身ないしは夢見の体が強化されます。

この段階で入門者は、チャクラの外部的なエネルギー・フィールドをすぐ近くに引き寄せる特定のエクササイズを与えられます。そうしてチャクラが活動的になると、物理的に回転しているように感じられます。まるで皮膚下に皿が一枚あるような感じです。世界全般に対するチャクラを覚醒させるこの根源的な意図により、人の意識が最高潮に達して、心臓が話す声を適切なときに聞きます。この時点で意識はシフトし、見る者の注意力を対応する意図に応じて身近な状況に向けます。

Q

前もって決められた力を宇宙／永遠の意図として理解してもよいものでしょうか？　そして、もしそうなら、見る者の責任と完璧さとは、そのイメージが彼らに何を伝えているのかを心臓に尋ね、永遠の指示を適切に甘受するということですか？　つまり、心臓と第三の眼が結びついた機能は、前述の複雑な状況に関連した見る者の誘導ビーコンなのですか。これに対して、第三の眼の機能が純粋な心臓から切り離されると、見る者は愚かさに陥るのでしょうか？

A

前述したように、見る者は初期段階でドラマに陥ることがあります。人が見はじめると、心臓は見るものを即座に知ります。人が見ないときには、人は避け得ない状況を根気よく待たなければなりません。第三の眼は、この見ることを、心臓の本質と結びついたところに持ち込むのです。見られるものは何であれ、自動的に知られます。問われることは何もなく、観察される出来事があるだけです。人の完璧さは、その人の無欠性が身近な状況に活発に適用されるかどうか、またはただ目撃するだけにしなければならないかを決定します。

Q　私は第三の注意力として知られるものについて以前、聞いたことがあります。それは肉体の死の時点、あるいはこの惑星上での人の旅の終わりを越えてのみ存在する抽象的な状態として非常に曖昧に説明されていました。もし少しでもそうであればですが、この考えの抽象性や最終的に言わんとすることは、この本の結論として読者に説明されたこととどの程度オーバーラップするのでしょうか？

A　この本にある技法と情報の結論は、どんなことも当然とは受け取らない状態に戦士を導きます。私たちは時間を超えた存在ではありますが、不滅ではありません。

Q

他の著者たちは、人が二つ、三つ、または四つの突起(プロング)を持つことについて話しています。あなたは、二百、三百、四百のエネルギー区画があるといいます。この「突起」というのは、あなたの言う百のエネルギー区画でできているのですか？

A

どの人間の発光フィールドにも、ある特定の圧力があります。人はただ単に誰かの横に立つだけで、この圧力を知覚できます。それは、バスケットボールとメディスンボールが隣り合わせに置かれているようなものです。どちらのボールも同じような球面を持っていますが、個人的な経験から、バスケットボールは中が空洞で、メディスンボールは中が詰まっていることがわかります。ふたつの突起（あるいはふたつの大きなエネルギー区画、二百の第三の眼の夢見細胞(セル)に関連するもの）を持つ人は、より少ない圧力を持っています。この圧力は、その人の前もって決められた運命と結びついています。そして対応する網(ネット)が、内部の圧力が許すかぎり遠くまで投げられます。

前述したように、これは、どんな状態であれ、個人の能力を減少させるものではありません。それぞれの能力は、われわれの現実に明らかに必要なエネルギー的な対応物を必要とします。もう一度、メディスンボールとバスケットボールの説明を使ってみましょう。それらが水の中に投げ入れられると、ひとつは深く沈んでいき、もうひとつは水面に浮かびます。それぞれが戸口であり、こういったそれぞれに応じた要素がなければ、宇宙全般の変動というものはなくなるでしょう。

あなたの質問に簡潔に答えるために、それぞれに対応する区画の現象が知覚可能です。それは、圧力として感じられ、「区画（コンパートメント）」という名前を与えられています。シンタックスの面で有利な地点から識別するためです。しかし、このイメージは、見ることの衝撃を完全に描写するものではありません。真の見ることとは、戦士が旅の途上で目撃することです。われわれが自分自身のエネルギー的な視点から目撃することははっきりしていて明らかなことですが、制限を知覚しないのです。われわれは、われわれ皆にとってそうなるように定められているものに、ただなるようになっています。

ここで、二百の区画を持つ人たちに話をします。光であるエネルギー・フィールドを、ナワールの旅がその重力を通じて維持し、強化していますから、安心してください。あなたは制限されていません。制限されるのは、われわれの現実の構造そのものが干渉されるときだけで、そうすると実現可能な真の旅がこの現実の中で妨害されるのです。われわれが互いに仲間内であちこち動き回ると、それを自覚するかどうかにかかわらず、全面的に未知に移動します。以下は、私の記憶の中に含まれていた体験です。

私は、やるべき仕事から戻ってきました。私は光り輝いていて、球状の形をしていました。私は、二百の区画を持つ人間の仲間を何人かを伴っていました。未知から戻ってくると、われわれは最初に一団として現れました。エネルギー的な情報、光り輝く複数の球としてです。その前に、われわれのフィールドは、未知により広範に圧縮されていて、暗闇の中で消え去っていく遠くの星々のように見えていました。その深みにあえて入っていくことのできなかった人々のところに戻ってきたとき、彼らはわれわれのそばに身を寄せてきました。私自身と仲間たちから発散されるエネルギーは、それまで私たちのいたところの珍しい周波数で振動しており、そして私たちが統合されるにつれて、待っていた人たちはその情報を吸収しました。この吸収により、その人たちのエネルギー・フィールドは密度をより高め、それによって彼らは伝達された周波数に応じて、ひとつの重要な戸口からまた別なそれへと自分たちを移動させることができました。

そして今度は逆にそれを受け取った人が、エネルギー的な発光フィールドの中で尋ねる者たちに伝達するでしょう。そのフィールドとは、第三の眼の能力が見ることのできるベールで覆われた現実です。

Q

「この本の技法は常にこの固定を変更し、そうすることで人類は第三の注意力として知られるものに巧妙に踏み込んでいくことができます。第三の注意力とは、常に永遠の言明に導かれている魔法の余波(スリップストリーム)のことです。この微妙な糸の上で、現代シャーマンの道が今や明らかになりつつあります。それでもここで明らかになることは、すでに知られていたことを伝えるにすぎません。したがって師は導管であり、忘れてしまったことを求める人たちに自立の手段をもたらします。師は、入り口のない道に実質をもたらす、エネルギー的な媒体を思い出させる者です。その道は、これまで見ることができなかったものを認めることによって見出されます」

私は、この本の中で提供される技法が戸口へ至るのに役立つということ、そしてひとたび戦士がこの戸口を通り抜けたら、その技法は手放さなければならないと、あなたがかつて述べたのを聞きました。また私は、さまざまなセクトやグループに関与する人たちの傾向について、あなたが穏やかに警告してくれたことを覚えています。その人たちは、私たちが求めているのと同じ解放を追い求め、それが役立つ以上に技法にこだわっています。この点についてもっと詳しく説明してもらえませんか? 私たちはどのようにしたらそれを手放す「時」だとわかるのでしょう? 脅迫的な「儀式化」へ向かう傾向がとても危険だとはどういうことでしょう?

また、あなたはエネルギー的な身体動作や実践の面で、他のところで教えられていることと比べて、あなたに与えられた技法が独自であると述べています。「私たち・対・彼ら」という分離した態度を身につけてしまう傾向に対してどのようにしたら防衛できるのでしょう。つまり、他のセクトが持っていないある種の技法を持っているという面での対立的な態度に対してです。この不和を生じるような分け隔ての傾向は、あまりにも蔓延しているように思われます。「私たちは正しい技法、実践、視点を持っているが、あなたはそうではない」を、私はあらゆるところで見るのです……キリスト教の宗派……仏教の各宗派……武道の修養法……国家、人種……性別。数え上げればきりがありません。どのようにしたら「品位を落とす」ことなく、無欠性や実践の純粋性を保つと同時に、自由を求める仲間たちとの調和、愛、協力の態度を育むことができるのでしょう?

A

この本の中で「見つめること」という形で教えている、あるいはすでに教えた技法が有用です。そしてこの有用性は、最終的に見つめることを通して技法が促すものに目を開かせ、それを見ることにつながります。その技法が促すものは、もちろん開示され続けます。一度これが生じると、新しい視野がおのずと追求されます。誰かが師から技法を学び、その師が彼らを自由にさせないとき——それは師が見ないという事実によるものですが——これらのセクトやグループそのものが、知力に支配された人生の道を持ち、そこにはその特定の参照枠内の輪郭を取り囲むコントロールがあるのです。幸いなことに、われわれが二〇一二年とその向こうに向かうにつれて、戸口に達する人々は自分たちがどこに捕まっていたかを見て、それによってみずからの自由を見出すでしょう。この地点こそ師が、その解放と、自立そのものを祝うところです。たとえ、その道がそれから先、試練と苦難に満ちていても、です。

世界におけるわれわれの正当かつ当然の立場を互いに認め合わない、人間としてのわれわれの傾向は、現時点でまちがいなく広がっています。もし誰かが、見て楽しく、自分の身体が幸せだと感じる動作を学びに行くとするなら、そこがその人のいる必要がある場所です。もし誰かが私から学ぼうとやってきて、その人が以前学んだことが陳腐なものになるのなら、その人は私が恩人から得た身体動作を実践するでしょう。必要があれば、人々は非常に喜んでそれまでいたところから去り、自分の選んだどんな訓練の中にであれ、そこで自分の人生を生きることができます。物事はこうあるべきです。

ここで、あなたが質問していない動作と動作の儀式化についてのひとつの問いに、そして、なぜ身体が決まりきった手続きに浸ることが大切なのかについてお答えします。それは、身体がそれをするのが好きだからです。もし人が何かを学び、その人の身体が好むなら、それを実践することが、その人の心臓血管系に影響を与えます。身体の中にある毒素を排出し、身体内の電気的な経路を清める能力を高めるのです。この人はより健康になり、長寿で幸せな生活を送るでしょう。私が教えることについても、同じ原則が当てはまります。

私は、光の青いスペクトルを入門者に手ほどきするために、「龍の涙」を教えます。光の青いスペクトルはまた、この本で「植物を見つめる」という観点で教えられています。記憶にとどめておいてほしいのですが、ほとんどの植物は電磁気の青いスペクトルを発しています。私はまた「大地のエネルギーを引き出す」や、さまざまな光の青いスペクトル修練法を教えます。それらすべてを一度に行うのであれば、三時間から四時間ほどかかります。私がやっていることすべてを皆がやる必要はありません。誰もが自分の戸口を選択するのです。人がこれらの戸口から離れたいと思うまでは、私の持つ体系内で、あるいはその人が好ましいと思う別な体系内でよいと思うところへどこであれ行くことができます。実際に身体は、若さ、健康、明澄さを保つために動作を必要とします。いくつかの動作には、チャクラを開き、身体がさまざまなタイプの電磁気的なエネルギーを吸収するようにさせるという点で、大きな可能性があります。これが生じるとき、身体は疑問の余地なくそれがわかります。

政治的、社会的な団体、宗教やセクトについてのあなたの次の質問に答える上で、伝えたいことがあります。風に花から花粉を吹き飛ばすようにさせることが極めて大切だということです。花粉はしかるべきところに着地します。そのまさに同じ花粉がひとつの花から別な花へと移動し、それ自体に示される可能性を通じて、養成、取り入れ、強化を行います。他者の真の運命をコントロールしようとする人類の欲望の中に、災難が埋め込まれています。われわれが集合的に見るようになるとき、どこに与え、いつ受け取るかを知るようになります。われわれの選択は、心臓によってつかさどられるようになり、これが共同でサポートされるようになります——そうでないと、種としてのわれわれは終わりを告げるでしょう。同様にして、多くを持つ人は、少なく持つ人を愛さなくてはなりません。そして、活動の場を公平にしようとして自分自身のものをより多く与える人を、少なく持つ人は愛するようになるでしょう。親切の手が差しのべられて、隠し事がなくなるでしょう。心臓の鼓動と同様に、誰の足音かもわかるのです。

Q　身体訓練の決まりきった実践に従事しながらも、同時に妥協的な儀式化の属性から自由なままでいるにはどうしたらよいのですか？　修練は私たちを制限しかねません。

A　健康と幸福以外は、どんな形の成果にもこだわることなく実践することです。

Q　何が違いを決めるのですか？

A　実践者の特質や性格です。

Q　女性がより深い病的状態に入る可能性があるということですが、それはエネルギーあるいは消化の過敏症を示す一種の疲労のことですか？　私は「感受性」の不均衡な側面である数多くの事例を見ています。子宮と第三の眼がいまだに情報に敏感で、安定場にまだ辿り着いていないとき、それは「血の海」として知られる、子宮、心臓、第三の眼につながった通路（チャネル）と関連しています。もしこれがあなたの述べていることであるなら、見る者の見ることに関連して、この血と子宮の本質や機能について何かご存知ですか？

A

不均衡は、病的状態からもたらされます。それは、情報の流入が圧倒的だという事実によりますが、見る者にとってそうなのではなく、女性がその振る舞いにおいてせっかちになって、それが愚かな行いのように見られる結果によるものです。というのも、情報を伝えようとする相手に比べてその女性たちのスピードは途方もないからです。明らかに血と気は、男性と女性の本質の中の主たる構成要素です。すべては、それに続いて起こる力によって決定されます。その力が、受け取る瞬間にそれに対して開かれている意識を生じさせます。

Q

あなたは、この深い病的状態に陥っている女性、または男性に、何かアドバイスがありますか？　発展途上にある見る者が、知覚の流入に圧倒されることにより、これが生じる場合があるという理解の仕方で正しいですか？　発展途上にある見る者とは、まだコントロールされた愚行を通じてみずからを取り扱うようになっていない者、あるいは天与の心霊的な才能を持つ者が、自分自身を自覚していないのでしょうか？私は、訓練により第三の眼を開発する者は、スイッチが入ったばかりのように見える人と比べると、異なった学習曲線を描くように感じます。後者のグループが「コントロールされた愚行」などの技術を学ぶことは、この本のようにそれを支えてくれる情報や教えをその人たちが見つけるまで、しばしば行き当たりばったりになります。このような病的状態にいる人にふさわしい何かエネルギー的な、あるいは何かの技法に基づいたアドバイスはありますか？

A

ただリラックスして、干渉することなく自分の目の前の出来事の流れが展開していくようにすることです。ここで見る者が体験する可能性のあるコントロール要因は、その人が成り行きをコントロールしたいという事実から自分を引き離す必要に関係しています。その人たちが介入したくてたまらないと感じても、たいていの場合、その人は物事の自然な成り行きに干渉しないようにすべきです。もし状況が本当に介入を必要とする場合は明らかに別で、行動を起こさなければなりません。自分の人生の道筋を進むにつれ、真実はあなたの個人の力に応じて、それにふさわしい形で用いられ、語られるでしょう。

Q　「見る者は、知っていることではなく、見たことについてだけ語ります」これが完璧さの中で行われるときに生じる伝達について詳しく説明していただけますか。

A　見る者の知（知ること）が話されると、知的に知っていることの元の境界を壊します。甘受の状態にいることが鍵であると、私はよく言ったものです。これが意味するのは、気まぐれな状態の中にいるということです。人は上昇するとき、状況に応じて関連情報を集めます。戦士の謙虚がそれに先んじると、戦士は、正しさを確かめる必要によって迂回させられることのない心臓のセンターから噴出する言葉を待つことを選びます。かといって、これは、戦士がその責任にしり込みするということではありません。彼らは、永遠がその知（知ること）を必要とするかどうかを知っています。人間の手足には、多くの情報が保存できます。身体の情報です。永遠の圧力が、見る者の個人的な世界に続けざまに打撃を加えるとき、身体は調律され、受容的になり、すでに見られたことを書いて記録するのではなく、何か似たようなものか同じものを再び見ると、実際に身体の注意が喚起されて、確実に知るのです。戦士はそこで待ち、開示されるものをそっと観察します。

また、完璧さ（インペカビリティ）という言葉にまつわる理解を確立することも重要です。それが意味するのは罪のないことで、罪がないとは後悔のないことです。もし人が状況に完璧に専念するなら、そこには後悔がありません。ここには、まだ説明していない、非常に興味深い要素がひとつあります。第三の眼が活性化されることにより、たとえ気づいていなくても、あなたの接触する誰に対しても、そこには予想以上の広範な影響力があるということです。微妙なまなざしから、通りがかりの挨拶まで、さらには遠く離れたところから誰か愛することさえも広範な影響力を持ちます。あなたがこれを読んでいることにより、私はあなたと関わりを持つ義務が生じます。たとえ私たちが会ったことがなくてもです。自分の第三の眼の能力の投影を通じて、私はあなたのもとにやってきてあなたに会うでしょうし、あなたも私に会います。あなたは、たとえ覚えていなくても私を見るし、われわれの死の瞬間に至るまでお互いを見るのです。これまでの、あるいはこれからの、ごくわずかな量の情報のひとつひとつさえもが、第三の眼の広く拡張された触れ合いを介して伝えられます。

　ですから本質的に私があなたの試練と苦難を見たのと同様に、あなたはすでに私のそれを見ています。私があなたの死を見たのと同様に、あなたは私の死を目撃したのです。それでもわれわれは、既知のパラメーターを超えて広がろうとして人間の形の脆弱性に優しく触れるわれわれの避け得ない運命が最高潮に達するまで、年をとり、自分の道を前に進みます。われわれは皆、見られた可能性のあること、これから知ることを見たのです。われわれは皆、杓子定規で計れない能力があり、強力です。

非常によく知られていた有名人が亡くなって二週間後に、彼の存在が私の存在の中をさっと通り過ぎました。そして私も彼も、連結している組み合わせ効果を見て、それを私が知っているのを彼も知っていました。彼と私のあいだだけでなく、全人類のあいだでもそうなのです。ですから、おわかりのとおり、われわれの責任は計り知れないほど大きいのです。それはまったくのところ巨大です。永遠と共に調和的に進む道は、現前するものに対して自分自身を謙虚に役立てるようにすることです。

Q

「内部イメージを所有」しないようにと言うのは、「所有」という言葉で、自己中心的な言語や振る舞いで応答することを意味しているのですか。たとえば、このヴィジョンが何かを完全に知っていると自信を持って主張しつつ、こうした振る舞いが同時に自分が「ヴィジョン」を持っていることの正しさを確かめたり、認めてもらおうとしたりすることにほかならないといったようなことです。

A

視覚イメージとして内部的に保たれている何かを持つと、その中身が話されます。これが第一段階で、おっしゃるとおり、多くの人々がこうしたヴィジョンを主張し、所有しています。要点は、（それが自分のものだという）何の主張もせずに、それを自由にすることです。そうすれば、人の存在状態は、話されることも、見られることもできないものを完全に受け入れるようになり、求める者が自分のヴィジョンを語るのではなく、見る者に対してあるイメージが語りかけるという形で外部的に伝達されます。

Q

見ることが外部的になり、それ自身を詳細に知ることが同時に生じるとき、これは視覚的な要素なしにやってくる純粋な知（知ること）とどのように関連するのですか。これはまた、「見ること」と同じ形だとみなされるのでしょうか?

A

見ることは、イメージなしに伝達可能です。知（知ること）は、この構成要素なしに知られ得るし、あなたがこの状態に達するとき、あなたは他者の心臓を話すでしょうし、離れたところから人々の心を知るでしょう。

Q

固定した視点をゆるめることは、起こることと「見ること」の源泉をもたらします。すでにあったこと、今あることを、新しく、今までに見たことのないもののように体験するのです。それは、眠りの状態にあるときに、気づきから逃れていた事柄です。もし、見ることが定義上、視覚的なものでないとするなら、それは感じられるのでしょうか？　物理的には多分、「拡張された頭」としてだけではなく、特に喉や胃で感じられる領域での圧力としてでしょうか。これは見ること、第三の眼を開くことになり得るのですか？　それともそれは、人を操っている何かの影響でしょうか、影とか他の人とか、また今感じられる、自分の中にある「空(から)でないこと（詰まっている状態）」とか、付着物とかでしょうか。あるいはまた、それらは実際にはひとつで同じものですか？　これらのことに関して、私はいつも「疑問の余地なく確かである」とは思えません。だから私は、それが現れる方法についても確信を持てずにいます。

A

あなたは基本的に黒魔術と、それが見る者にどんな影響をおよぼし得るかについて尋ねているのです。あなたの中には、悪意と悪い思いを持っているごく普通の人がいます。それらは太陽神経叢で圧力として感じられますが、人のエネルギー状態が窮屈な場合には、喉が影響を受けます。前述したように、戦士の見ることは、身体に吸収され、体験される周波数を通じてさまざまな影響を認識しはじめ、テレパシー的に伝えられます。これは人類全般の支配下に置かれている残留効果の結果だと第三の眼が知る能力に関係しています。

「馬鹿は物騒だ〔dumb is dangerous〕」という古いことわざがあります。これは、自分のやることが他者の人生の道筋におよぼす全体的な影響を理解しない人々についてて述べています。多くの状況で、否定性が執拗に繰り返されると、その結果は壊滅的です。残念ながら多くの人は、他者を傷つけるのを喜びますが、これは実際にはその人が自分を解放できずに、他者を巻き込む必要があるからです。そうするとその人は、高次の、あるいはより幸せな周波数に逃れることはできなくなります。

心臓と第三の眼は、高次あるいは低次の包み込みフィールド〔containment fields〕を持っています。低次の包み込みフィールドは、その多様性のすべてが直接関連している顕界（顕在世界）の領域です。第三の眼と心臓の高次の部分は、自由と軽やかさを求め、その人自身を支える幸せに満ちた光に浴します。

黒魔術を実践する人は、影響をおよぼそうとする人の高次の区画と、その人のつながりを断ち切ろうとして、多くのことをたゆみなく行います。彼らは有害な作用をおよぼしたり、うわさ話を使ったりして安眠を妨げます。その際に呪文やその他の方法を用いますが、復讐し危害を加えようとする相手の所有物を手に入れた場合は特にそうです。この魔術を実践する人たちにとって、最もてはやされるもののひとつが、血液です。したがって、毛髪、血、爪など、身体の一部や分泌物、また写真といった私的な物を黒魔術師の手に渡らないようにすることが重要です。特に未開の国に旅するときはそうです。

この魔術の影響は、前述したように、放たれた意思に対応するチャクラ・システムに圧力をつくりだします。人が心霊攻撃を受けているとき、三日月が最初に現れてからの二日間に通常、それがより強調されます。この時期は、月がちょうど見えはじめて、月の他の部分すべてが見えなくなっています。満月までの月の相すべてが危険な場合があります。というのも、三日月から満月までに投げかけられた意思が、そのなりゆきを増幅するからです。黒魔術を実践する人々――また、他者や自分にとって有益でない意識のレベルにとらえられている人――の集合的な重力は、これらの期間を利用しますが、それがその人たちのたくらみの衝撃を強め、濃縮された効力をおよぼすのです。それでも、力強くあってください。われわれを試練にかけるすべてがここにあります。たとえ誰かがあなたの幸福を奪うことに成功しても、そこから離れましょう。そうすれば、心臓の自由という幸福を発する環境を維持できます。

Q

「個人的にも集合的にも広がるためには、われわれの意識を導く共伝導力〔communal conductivity〕が必要とされます。この伝導力は、すでに普遍的に秩序化されたものを各人が知り、示されているものに従い、個人的な欲望により指図してはならないことを要求しますが、それでも個人の欲望は、意識の言明を支配します。なぜなら、その言いつけがその人の個性の真の表現となるからです」

「それらは、われわれの欲求や欲望により相互作用します。これが、われわれの途方もない予想を超えて拡大する第三の眼が持つ計り知れない力のフラクタル効果により、現実の構造に影響を与える能力となります。それは、未知の要因に常に接続されているという事実によるもので、その要因は逆に社会的に決定されている制限によっても影響を受けます」

われわれを罠にかけたままにしておく主要なメカニズムのひとつとなっている欲望から、共同創造するわれわれの能力の純粋な表現を促進する欲望へと、どのように欲望を変容するのでしょうか?

A

われわれの状況に対する観察者になり、適切に行動することによってです。この無欠性は、戦士の応答になります。これは個人的でありながら、非個人的です。

Q　青いスペクトルとは何ですか、なぜそれに気づくことが重要なのですか？

A　青いスペクトルは光の最も高い周波数です。それは、「龍の涙」を実践すると開発され、見つめることを行うと、それが見えます。それは、クラウン・チャクラと調和する第三の眼を開き、活性化し、喉のチャクラを通じて永遠の言明をするのを心臓が助けます。

Q　しばしば情報は、意識的に質問しなくてもただやってきます。ときどき、私たちは「尋ねる」際に、さまざまな意識の度合いで質問します。ただ好奇心を持っているということもあります。質問することなくやってくる情報の種類の違いはあるのですか？　これを尋ねる理由は、一度私たちが意識的に質問しはじめると、私たちは情報あるいは答えに容易に忍び寄ることで終わってしまうからです。私がしばしば気づいたのは、質問していないときにやってきた情報がより広大で、どういうわけか完全であるということです。それは、質問する人の空虚さのレベルによるものでしょうか、それが質問と応答の性質を表すのでしょうか？

A はい、質問の空虚さが、見られるものを決定します。

Q 私は、ナワールがエネルギー的に非対称であるという説明を読みました。これが本当なら、この非対称性のエネルギー的な機能はどのようなものですか？

A 発光フィールドにこの配列を持つものは何であれ、否定的でない不釣合いを生じさせる可能性があります。否定的ではないというのは、それを所有する人の統制がとれている場合です。ひとつのボールに、もうひとつ別の四分の一サイズのボールが融合している、そんなボールを投げるのにとても似ています。それは回転し、複雑なパターンをつくります。いくつかの場合、これが人によっては膨大な量の成長や発達を生じます。それは、意識が知覚のフィールドをひずませ、そのひずみを考慮に入れるには、大変な手腕を発揮して、余剰の流入を同化吸収しなければならないからです。また別な人は、当初の境界を超えて広がろうとして、得られた情報を活用するかもしれません。対称性の観点から見た唯一の欠点は、拡張された内容（コンテクスト）が他の人たちの意識に、理性として再び割り当てられることです。そして、その人たちはみずからの意識の能力に合わせてその洞察を再び組み込み、それを自分の思惑にふさわしい形にします。この道理にかなった出来事そのものが不思議なことに、元の情報の持つ深遠な意味をひずめてしまいます。そうすると他のことよりも特定の何かを防衛し、独断的な信条が生じます。

これまでに多くの師が、活用されていない注意力の穴(ポケット)に意識をつくりだそうとして幻覚剤を使い、同じ効果を引き起こしました。エネルギーの泡が元の形に戻るとき、それがフィールドを薄くします。そうすると、これらの場合の危険は、流入や流出です。どちらの場合も不均衡が生じます。

Q

「人が他者の内部的な映像イメージを見るときに、混乱はありません。第三の眼は見ることにおいて正確です。混乱する場合があるのは、もしこの内部的な、最初のタイプの見ることが、それを意識している個人の内部的な感情と組み合わされ、見ることそれ自体に干渉する未解決の感情からの混乱が浮上するときです。だから、見る者にとって重要なのは、この種の意識を超えていくことです」

「ここで言っているのは、内部的なイメージのすべてを、外部化させるようにしなければならず、内側に現れるイメージを所有してはならないということです。なぜなら、それらはわれわれに属するものではないからです。それらは、われわれの不可避性、つまり死の最終指令に属します」

　私は、特別な種類の体験をしたことがあります。この本にある見つめることを実践した後に、特に見分けがつくようになった体験で、内部的なイメージと外部的なイメージの対比に関連したことです。私はタクシーで帰宅中、突然、頭の中で、数年前の醜聞（スキャンダル）テープがビデオのように再生されたのです。私はこのテープを見たことがなかったので、それがどのようなものなのかをそれまで知らなかったのですが、それが内部的なイメージとして心の中で再生されていたのです。私は、それがタクシーの運転手に属するイメージであることがわかりました。私は自分が見ていたものに感情的に愛着もなく、それをそのときに見なければならない理由もまったくなかったからです。内部的なイメージが外部化するということを読んだ後、これが内部的なイメージがやがて外部化することの一種なのだろうかと疑問に思ったのですが、どうでしょうか？

A

見る者が外部的なイメージを知覚するとき、通常そのイメージは洞察としての永遠の流入との交流です。それは、二人もしくは多くの人々の成長に関係します。あなたがおっしゃる内部的なイメージについてですが、これは、このことに気づくようになるために、あなたが発達させた視野だという点で価値のある洞察です。あなたの体験は、あなたが到達した戸口という点ではっきりとしています。

見る者が未知の地図を描くとき、しばしばその自覚にイメージがないか、もしくはその自覚は外部的です。もし、見る者があなたのようにタクシーの中にいたら、内部的に描き出されるイメージが同乗者（運転手）に属するのだと見ることによって知るでしょう。戦士が同じ状況に置かれたら、頭の中で声を聞くかもしれません。戦士はそれが自分のものでないことを知り、それが他者に属するものであることを聞き、知るのです。これは、ほとんどの場合、自覚される必要のあることを要求するメモのようなものにすぎません。第三の眼は、感じること、聞くこと、見ることを包含し、それらを調節します。それぞれの状況は、あなたの受け入れ方に支配され、焦点の当たった注意力をあなたに喚起しているのです。

Q

人が他者の内部的なイメージや聴覚現象を体験しはじめた後、あなたは次のステップがそのイメージを外部的に体験することだと言います。これを超えた別な戸口があるのですか?

A

はい、あります。戦士が自分の道を進む際、外部化される内部的なイメージや聴覚現象は、身体を教育する一時的な参照点です。それは、直線的なプロセスの向こうで生じていることを身体に知らせるのです。次の段階は、戦士の身体がその受け入れたものに浸るようになり、未知の要因としか言いようのないものに継続的に攻め立てられることです。

見る者がこの視点に達すると、そこにはどんな参照枠もなく、それについて何も推測できません。ただ身体意識を通じて気づくようになる統一の形があるだけです。それは、その配列によりすべての可能性を知る断念〔resignation〕のひとつの形だと言うことができるだけです。それでも見る者は、背後に立って、あらゆるものがそれぞれの方法で開示するようにします。見る者は、目撃されているものが抗(あらが)うことのできない、前もって決められたことであるのを知っているのです。戦士が、逆境を受け入れなければならないという事実に完全に気づいている地点はここです。そしてその身体は、現前している構造物の基本的かつ原理的な根っ子に挑戦します。見る者がその最大の敵を見出す場所はここです。敵とは、それによって突き動かされる者たちの認知を超えた深くて暗い影響力です。それでいて、その者たちは、自分たちが進んでいる道は正しいと確信しているのです。その者たちには知られていないものの、彼らの眼の背後に、まさにわれわれの世界、われわれの生きた構造物に潜入しようとしている存在たちがいます。そうすることによってその存在たちは、現実への通路をつくり、低次の概念化を維持し、われわれがひとつの人類として進化する能力をなくさせているのです。

Q 第三の眼の能力や直感的な洞察力を通じて見たり、知ったりする能力を発達させる初期の段階で、あまりにも「確信に満ちた」状態になり、自分の視点の中で潜在的に頑（かたく）なになり、そこに制限されてしまう罠をどうしたら避けられるのでしょうか?

A 第三の眼の機能を発達させるこの段階では、特定のタイプの明澄さが噴出します。自分が正しいということがあまりにもはっきりと明らかになるものの、考慮すべき多くの要因があります。精妙さが必然的にあなたを別な知覚に連れていくということ、つまり、冷静な休止の状態を保ちつつ、これから生じることを待たなくてはならないということです。それから、自分がもしかしたら正しくなかったかもしれないことを実感します。これは、明澄さのひとつの段階です。社会的な視点に忍び寄ることによる独善性（ひとりよがり）は、戦士を盲目にします。それは、戦士が気づいたことに感情を害されるという事実によります。これにより自分に本来備わっている社会的に条件づけられた性質に舞い戻ってしまい、他の人の人生のために自分が介入するのが大切だと感じるようになります。自分が干渉している人の人生の複雑さの深みを真に見ることができなくなるのです。このことの興味深い側面があります。戦士が歩む道のこの段階での介入により、より強力な見る者は一歩後ろに下がって、進行する愚かさを観察可能になることです。そうすると、実際にはそれが起こるべくして起こる出来事の当然の道筋であることがわかります。

他者の言葉や行動よりも、その人の身体から発するものがわれわれに圧力をかけ、服従と同調（アラインメント）を要求します。話すこと自体は、われわれの身体意識のレベルで受け取られる細胞的コミュニケーションと比べると、しばしば無意味に繰り返されます。われわれは、現在進行中のことを身体自身が知っているということに気づくように、身体意識を再教育しつつあります。知力があまりにも支配的になってしまい、身体意識が萎縮して、洞察力へのアクセスが妨げられるのです。

Q 夢を見ないというのはどういう意味なのか、詳しく説明してもらえますか？　夢で明晰になること、「夢見の中で目を覚ますこと」について述べているのでしょうか。そうすれば、あなたが恩人たちの導きのもとで行ったように、虚空の中で「夢見る」ようになるのでしょうか。あなたはそれがたとえば教えを受けられる明晰夢だとしても、すべての夢を解消することについて述べているのですか。ある人たちは、私たちが常に夢を見ているとみなしています。たとえ私たちがいわゆる夢を見ていないとしても夢を見ているというのです。この夢を見ない体験というのは、寝ているあいだに「どんなふうになっている」のですか？　それとも夢を見ないように自分に命じる技法とプロセスが、気づくようになる新たな段階をつくるということですか？

A 自分に夢を見ないように命じることとは、気づくようになる新しい状態をつくりだします。夢を維持するために、そのイメージに注ぎ込まれる余剰エネルギーすべてが、今度は第三の眼の力に使われる形でルート変更されるためです。この第三の眼で内部的であれ外部的であれ見ること、また視覚イメージの流入なしに知ることとは、感覚（フィーリング）を通じてやってくるものの基本的な振動核を得ることによってなされます。しかし、これは情動を体験するという意味での感情（フィーリング）ではありません。これは、やってくる情報の流入を同化吸収する身体意識の目覚めです。ここでは心（マインド）が考えるのではなく、身体が考えます。身体は思考の処理過程を持っていないにもかかわらず、それがやってくる時点でおのずとわかるのです。

ナワールの領域で私が受けた手ほどきは、進歩した光の存在たちによって私の身体意識に伝達されました。私の場合、十七世紀に生きていたひとりの男、老ナワール・ルハンから学びました。彼はナワール・ファン・マトゥスや、借家人（テナント）として知られる者と共謀していました。借家人は、何世代にもわたって彼が接触したナワールたちに、彼の生きた体験の最も深い知恵を分け与えました。借家人とは、私がマライアンとして知るようになった男で、最も優しい詩的な戦士です。私の人生の道筋に関わる情報は二〇世紀に流入してきました。私の人生と恩人の人生の成り行き上、彼の第三の眼の能力が彼の宇宙の既知の限界を横断し、それが私自身の意識の理解可能な限界になったのです。これは限界を知らない第三の眼の視点を同化吸収する私の能力によってです。あなたが真にそれをはっきりと見るとき、われわれはひとつです。われわれの人間としての能力に限界はありません。

私の場合に生じたエーテル的な介入は、私の恩人たちがその全生涯を通じて獲得した力をはっきり示すものです。この力自体が、次元的に相互作用するわれわれの能力の可能性を、あるいはむしろその現実を伝えます。非直線的な視点に慣れるには、われわれの前もって決められた運命となっているものの背後に立って、それを観察することです。言い換えれば、自分が変えることができないことを受け入れるのです。

第三章　同調（アラインメント）を求めて

ここで私は、順序立っていない時間の連続体をご紹介します。念頭に置いていただきたいのは、これらふたつの抜粋は、順序立った意味では並んでいないということです。ここであなたは私の言葉がこのパラグラフの中に今ある形で私の言葉に出会い、次の説明では私の言葉を過去にそうだったこととして見ます。これは予知の訓練です。あなたは過去のことをこれから読み、それでいてこの章に今あることを思い出すのです。そうして、あなたに生まれつき備わっている予知能力の弾力性が再活性化されるのを促し、〈制限された直線的な視点からその手順の正しさを確かめる心の必要〉を迂回するのです。

私の意識の一部分は七歳のときに私の恩人、老ナワール・ルハンによって取り去られ、それが私の第三の眼の覚醒のはじまりとなりました。この体験は夢として現れる代替現実に直接、関連していますが、それでもそれらは私たちが入り込んでいる世界と同様に固体的です。これらの出来事により、この物理世界に残ったままだった私の全体性の他の側面は、正規の教育の場で生じるような厳密な直線感覚の中でその注意力を用いることができませんでした。後の人生で、子供のときに取り去られた私の一部は私に戻ってきて、それから私は覚醒した男となり、多元的な視点に端を発する直線的な概念を他の人に伝えることができるようになりました。

つまり、他者の注意力により私に加えられた圧力が、そうでなければ浮かび上がらなかったであろう、私の意識の中に埋め込まれた情報を解放するということです。実際に私は頭脳的な心によっては動いていませんし、事実、思考なしのままでいるのを好みます。私は自分の体験をまるごと私の最初の本『平行的な知覚に忍び寄る技術』に記録しました。新しい読者に、私が現在そこから動いている多元的な視点に私を連れていった出会いをより深く理解してもらうために、この前作から次のふたつの抜粋部分を引用します。**

夢の歩行者

ある月明りの夜、私は、出かけるのではなく、家にもどろうとして、表の庭の門を開け

**訳注：前作からの引用部分は、今回の著作で細かな点が数多く修正されている。それに合わせて訳文も変更した。

た。私はしばらくのあいだどこかに行っていたが、どこにいたのか忘れていた。私はヒナギクが列をつくって並んでいる正面の小道を歩いた。ヒナギクは静止していたものの手を差し伸べて、前に向かって押し出すようにしており、その押し出す感じが私の存在を愛撫しているように思えた。彼らは列をつくって私を待っていた。彼らは私がそこにいることを知っていた。彼らはわかっていて、無言で自分たちの気持ちを伝えていた。彼らの美は、まったくもって深遠だった。私はそれから家に近づき、バルコニーに向かって歩いて行くと、戸口はその影の中で私をむさぼり喰うように見えた。それまできた道のほうを振り返ると、月光が私のいなくなってしまったことを認めたものの、まだとらえがたい何かの中で私をからかっているようだった。私の眼にはきらめきがあった。

私は、バルコニーの端から端までを見下ろすために向き直り、月光が窓を通って流れているのを見た。それは柔らかく官能的で、ちっぽけな私を畏敬の念と美しさで満たした。バルコニーのほうに思い切って足を踏み入れると、その足音は木の床に私の存在をそっとこだまさせた。各寝室の窓を通り過ぎていると、私は自分に無感覚になり、これらの窓の背後に誰がいるのかを忘れていた。角を曲がり、側面の入口に近づいた。そこから窓ガラスを通して中を見て、扉を開けた。すぐに私の左にもうひとつの扉があり、半開きになっていた。それを押し開き、中に入った。母のベッドのわきに立って、彼女が眠っているのを見ていた。私は自分がどのくらい見つめていたのか気づいていなかった。ただ、母が私のようには眠っていないという自覚に完全に心を奪われていた。母は、何か別のもののように眠っていたのだ。

突然、母は眼を開けた。彼女は前方に向かって動き、かん高い声をあげ、私をつかんだ。「ベッドの私を見ながら、いったい何をしているの?」彼女は、歯をくいしばったような激しい口調で言った。

彼女は私が目を覚ますまで激しく私を揺すった、だが、それは彼女のように目を覚ますまでであって、私がそれまで目を覚ましていたようにではなかった。私は震え、歯がずっとガタガタと鳴り続けた。自分がその世界に目覚めたこと、その世界は、私がそれまで目を覚ましていた世界よりもきびしいものであることがわかった。

ここで述べる必要があるのは、母が私に向かってきたときに、私が母の眼に見たものである。夢中歩行していたという事実にもかかわらず、見たものの記憶は鋭く、まさに今日まで私にとりついている。聖書の用語で記述されている獣、そしてこの本(『平行的な知覚に忍び寄る技術』)で説明した影は、母の腕を通して向かってきて、彼女が自分のしていたことに完全に気づく前に、彼女の眼の背後から私を見た。

私がその夢中歩行の状態の中で彼女を見ていたとき、私は複数次元の中で見ていた。私が見ていたものは、威圧的にささやいたり話したりしている存在で、彼女には知られずに、彼女の夢の注意力に指図していた。そしてこの存在は、私がそれを見ることができるのに気づくと、私がアクセスしたその眼の窓の視野を不安定にしようとして、彼女のからだを通して私に向かってきたのだった。そのときからずっと、これらの存在の激しい攻撃はやんでいない。それ以来、彼らの私に対する追求は情け容赦ないものであり続けている。なぜなら、その時点で、私が見ることができないはずだったものを、私が見てしまったからである。

私がこれから説明しようとしていることは、非常に理解しにくいことである。そして、私がこの記憶とその記憶が意味することを思い出すとき、私の心臓のセンターからしみ出るエネルギーは爆発性を持ったものになる。あの獣が母の腕を通して手を伸ばし、私をつかむことで、私が網の中でつかまえられそうになったとき、ある男が介入した。

私は七歳の男の子として、衝撃を受けながらそこに立っていた。母は、十分に見開いていた私の眼をにらみ、私の腕を激しくつかんでいた。まるで彼女の次の意思が殺害であるかのようにさえ見えた。同時に私は完全な暗闇の中にいて、私を飲み尽くそうとしているように見える虚空の中に立っていた。有毒で所有欲の強い影が私のほうに向かって激しい勢いで突進してきた。そのときから影は、私の魂あるいは意識を盗もうとする完全な意思を持っていたのだ。

私は恐れで無力になっていた。この衝撃的な実体が夢の中で私の幼年期形態に達する直前、一人の男が突然現れ、その影と私自身のあいだに立った。彼は、東洋風の黒い革の鎧を着ていた。彼は自分の左手を肩の高さに持ち上げ、あたかも「やめろ」と言うかのようだったが、言葉は発せられなかった。その世界にはさざ波があり、それは触れることのできる強力な何かだった。その男は、私の恩人だった。彼は向き直って、両腕の中に私を抱え上げた。すると、まわりに彼の領域が示された。それから、彼は穏やかに私を下に置いた。「君が自分を見つけるまで、われわれは待っている」と、彼はささやき、それから奥まった廊下にゆっくりと退いた。

シャーマンの夢見

私は、自分の子供を夢見た夢見る者である。子供は、夢の作り手、老ナワール・ルハンによって教えられた。彼は私の子供を教え、私の子供は私、すなわち夢見る者にもどってきた。夢見る者は覚醒した男となり、夢の物語によって内なるその子供を読み手に伝える。夢の作り手は私の恩人である。彼はある大人の夢の中で私を見つけた。

私は、ある建物の八十階のフロアにあるエレベーターの中にいた。そのとき、私は巨大な恐れに飲み込まれていた。エレベーターがまっすぐ地上に向かって最大速度で急落しているのを知っていたからである。私は脚を曲げて、手すりをつかんでいた。衝撃で膝がやられ、脚が折れるのではないかと恐れたからだ。そして、自分を固定すると、そこらじゅうで爆発と雷鳴のような音が聞こえた。下に着いたが、私はまったく怪我をしていなかった。

空気中に埃が舞っている中をエレベーターから出て歩いて行くと、奇妙な場所に辿り着いた。部屋の四方の壁や大きさがわからなかった。目を走らせていると、胸部に大きな圧迫感があった。この圧迫感は、影に潜んでいたジャガーのうなり声に変化した。私は、うなり声をさまざまな位置から一度に聞いた。まるで自分が囲まれているかのようだったが、実際にそうだった。私は再び恐れに飲み込まれた。私はそのようにして傷つき、死ぬことを望んではいなかった。

恐れと向き合いながら、上方を見て、恐れを自分のうなり声に変えた。それから、いくつかの封筒が落ちてきたことに気づき、それが床に落ちたとたん、部屋に何人か人がいることがわかった。影の中に隠れていたのだ。彼らは私を見ていた。私は、彼らの意思が自分の存在という枠組みを貫き通すのを感じた。彼らは私をテストしていたのだ。私は前に進んで、封筒のひとつを手に取ると、そこにある名前を見た。「なぜ私にこの名前がいるのだろう」私は、不思議に思った。

突然、部屋は暗くなって、目の前に長い、長方形の通路が現れた。私がその感触や雰囲気になじむようになると、通路はさらに広がった。それをのぞき込むと、そこに辿り着く最初の一歩を踏み出す必要があることがわかった。それでもあえて私はそうしなかった。というのは、その一歩を踏み出すことのエネルギー的な意味合いが、私の強さを超えていることを知っていたからである。

影を凝視すると、通路の端に立っている人物が見えた。その姿は、古代の伝統的な黒い革の鎧で身を包んだ東洋の戦士のようだった。彼は前に歩き出し、右足が地面にあたると、大気は触ることのできる物質でできているかのように震えた。それから彼は地面から離れ、私のほうに向かって空中を水平に飛んだ。

彼がこちらにやってくるにつれ、彼のからだから生じる圧力が私の中に入ってきて、私の存在を成り立たせているあらゆる繊維に彼の存在が伝わってきた。彼は、前面に向けてしっかりと折り曲げた左足と右膝で着地した。彼の右の前腕は、下方に向けられた視線を遮っていた。そして、左の手のひらは、わきの地面の側に押しつけられていた。「ルハン」という言葉が私の身体に入った。同時に青い輝きを帯びた金色の球体が彼の存在の中心から私に向けて放たれ、私の心臓の中に固定された。

東洋の老戦士、ルハン、私の恩人は、彼の前にいる小さな少年に自分がやってくるまで待っているようにと指示しました。しかし、私が到着したその時点で、私は四十歳の男でした。私が眼の前の古代の東洋の戦士を見たとき、私の大人としての存在だった枠組み（フレーム）は分解し、残ったのは七歳の子供でした。私はその自分を見出したのです。それに気づいたとき、私の大人としての形が存在していなかった一連の時間に運ばれましたが、それでも私は四十歳でした。これが順序立った意味をなしていないことは自分にもわかっています。それは体験されるしかないのです。

あなたがこれらのページの奥深くを私と共に進み、歩くにつれて、あなたの身体意識が改変されるのを理解しはじめるでしょう。ここでもうひとつ抜粋を挿入します。それは、老ナワール、私の恩人によって三つの方法で私が分割されたことに関する説明です。しかしながら、それはあなたが予想するような方法ではなく、私に何が起こったのかを理解する能力をあなたにもたらすものです。一度あなたが見はじめると、これまで書かれたことがその中に秘密を保持しており、その秘密に光が当てられること、それでいてその秘密が明かされることに対しては、意図して意識的になれるようなものではないことを、反駁できない形で知るでしょう。人が何かを教えられるとき、特にその人がナワールであるとき、その人は多次元的に動く能力を持っていることが示されます。つまり、時間の枠組みの中やその周辺で前方と後方に動きながら、それでいて直線的に機能するのです。

あなたの信念やプログラミングの感覚は克服されなければなりません。その視野の中に次元性を持つ、ひとつの世界の中で相互作用する人の自然な能力を理解するに際してさえもです。複数の世界の上を渡り歩く私たちの眼は、ひとりの意識的な存在としてあなたが所有するマトリックスに応じて知り、見る能力とはかみ合わない言葉の中で表現されます。これが、感じられないことを想像して感じ、見ることのできない知覚内容を見て、聞くことのできないことを聞く第三の眼の能力です。

老ナワールがあの廊下の中に現れたとき、そして同時に私が子供だったときの次元の中で私の前に介入したとき、彼は普遍的な眼の枠組みの中で私の注意力を分けていました。ひとつの側面はこの領域、すなわちわれわれの生きた構造物の中に七歳の子供として生き、この世俗的な次元の中で進むというものでした。もうひとつは、彼と共に根気よく待つというもの。これに対して三つ目は、世界を超えた世界に連れていかれ、それを見せられるというもので、現在公表されている身体動作（ムーブメンツ）と知識が伝達されました。これが三十三年間生じ、あなたが身を起こすのと平行して私も身を起こします。

われわれは皆、相互に織り込まれています。私の心臓はあなたの心臓です。あなたの心臓は私の心臓であり、人の網は次元的に相互に結びついています。こうしてわれわれの未来は、共に新しい時代の中に姿を現します。

私はこれまでこの種の夢の区画化を体験した者を誰も知りませんでしたし、聞いたこともありませんでした。つまり、現在、過去、未来を組み合わせ、それまで決して見ることのなかったものの理解を促すひとつの視覚的なマトリックスにして、まるで本人がつくったように見える面前の世界を熟練者（マスター）に組み立ててもらうといった体験です。幸運にも私の運命は、このようなもので、ここであなたは私の言葉の上を歩み、ひとりの男、私の恩人の行動を見ます。今日（こんにち）まで私はそれを思い出すものの、私が知覚するまさにそのものが私から消え去ります。本質的に、これらはみずからを特定の次元内にあてはめる普遍的な第三の眼の働きです。

私はまたドン・ファン・マトゥスの監督下に入ったという点でも幸運でした。生きた構造物の中での師としてではなく、日常的な現実の範囲を超えた恩人としての彼の下に、です。私の人生に彼が入り込んできたその重大な局面で、彼はザカイという名前を使いました。私が書いたものを通じてあなたが見出し明らかにするすべては、言葉で伝達されただけではありません。私の恩人の身振りそのものが、その中にエネルギー的な情報単位を保っており、それが伝わる――私の諸発見からあなたが見出すことすべてが最高潮に達するときに伝わるのです。有形宇宙の既知の範囲を超えて行き、永遠に花開く知識の蓮（はす）の粋を集めた花びらを持ち込む彼らの労力、彼らの不屈の意図に感謝せずにはいられません。

「夢の歩行者」を詳述したことにより、私自身が深く影響を受けた。私は、自分の知覚の表面に達したがっている、私の中にとらえられた何かがあることを知っていたが、それが何かはわからなかった。少しばかり途方にくれた感じがして、落胆しながら、その晩ベッドに入って寝た。自分の人生のために知る必要があったことを推し測ることができなかったのだ。

「目を覚ませ」

自分に加われと、私の意識を招いているザカイの聞き慣れた声だった。

「わしと一緒にきて、虚空のわきに座れ。おまえの前にある深みの中をのぞき込んでみろ。わしらは皆、自分が必要なことを言われたほうがよいと、わしは思っている。わしはおまえと力の物語を分かち合いたい。この物語はおまえの物語だ。おまえはまだ知らないが、おまえは老ナワールによってかなり深く影響を受けた。これからおまえに説明しようとしていることを、おまえが回復し、自分に説明するには一生かかるだろう。この時点で、わしがおまえにこの情報を与えている理由は、三十三年前、おまえと老ナワールとのあいだに起こったことに対して、おまえの側の混乱を避けるためだ。

わしが今夜、おまえを呼んだとき、おまえは何かにとらわれていた。おまえの存在に焦点を合わせたとき、起こっていることがすぐにわかった。おまえに焦点を合わせたとき、わしの光輝をあふれさせた感情は、老ナワールが意識の蜜蜂の巣の迷路に属するおまえの夢の区画のひとつをふたつに分けたのをわしが見たときに体験したのと同じ感情だった。これより先を説明する前に、老ナワールがこの記念碑的な業績をなし遂げるほどの知識をどこで得たかを教えよう」

「何世紀も前に、老ナワールは非常に古い、昔のシャーマンに引き合わされ、彼と大変密に結びつくようになった。そのため、老ナワールは彼から理解を超えた秘密を教わった。これらの秘密のうちのひとつは、おまえとの接触の際に活用された。虚空の中を深くのぞき込んで、蜜蜂の巣の区画のヴィジョンを思い出せ。わしが一度、その広がりの中を見るように導いたことがあっただろう。おまえの前にあるこのヴィジョンを深く見つめているあいだ、わしがおまえに自分の区画を思い出させてやろう」

ザカイがこう言うと、意識の蜜蜂の巣の区画が虚空の中に現れた。だが今回、私は誰か別の人の配列を見ていたわけではなく、自分のものを見ていた。私は自分がこのような複雑さの中にいる自分を見ることができるのを考えると、高揚した気分を感じはじめたが、それでも私はまだ虚空のそばに座っていて、物理的にはそのままだった。

ザカイが割り込んできて、言った。「さあ集中しろ。わしがおまえの物語を話して聞かせよう。そうすれば、苦悩の感情から解き放たれるだろう。なにしろ、あまりにも深く埋め込まれていることを、おまえは思い出すことができないという事実があるからな。おまえの旅が完了するまでは、これらの情報単位の回復にアクセスするのは不可能だから、わしがおまえのためにこれをする。わしが言ったように知り、理解するほうがいいんだ。そうすれば、人は思いもよらないように見えることを調査できるようになる。おまえが見ているように、沈黙はおまえの中深くに入り込む。おまえは、この昔のシャーマンが老ナワールに教えた技法のひとつを見るだろう。それは彼が与えられた多くのものの中でも、彼に対する特別な贈り物だったのだ」

再び虚空を見ると、黒い東洋風の革の鎧に覆われたナワールの姿が見えた。彼は私と先に述べたあの影とのあいだに立っていた。深遠な熟慮の状態の中に私を残したあの出来事である。私は彼が両腕に子供を抱え上げたのを見た。それからさらに信じられないようなことを見た。彼は私をその広がりの中に置いたとき奇妙な動作をして、無限の象徴であるいくつかの8の数字のような視覚的な印象を残す光の糸が投げられ、それがすでに投げられていたその区画へと静かに落ちていった。何らかの方法でこうした身振りが虚空の中でザカイと共に見ていたその蜜蜂の巣の迷路の中に私を開き、広げたのだった。

それからナワールがこれらの区画のひとつを取り、それを区画の集合体から分けるのを見た。これがなされたとき彼は、今日でも私には理解できない方法で、両手を叩くことによって私の存在を集めて再び組み立て直したのだ。組み立て直された私のその部分は、夢中歩行の旅から目を覚まされた後に母の腕で揺さぶりを加えられていた生きた構造物の中の私にもどった。

（心にとどめておいてもらいたいのは、私は目の前にあるこれらのイメージを多面的に見ており、今私がここで説明していることを理解するには、次に概説する多元的な同化吸収を、あなたが試みなければならないことだ。）

それからザカイは私に言った。「生きた構造物の中で目を覚ました子供をおまえに見せている、意識のその部分から、おまえの固定をいま解くんだ。おまえの意識で夢の作り手が保っている区画に行け。おまえの目の前で起こる魔術を見るんだ」

私は虚空を見つめ、私の夢の区画のひとつでナワールを見た。その区画は、広がりの中に浮かんでいた。彼は、奇妙な動作を再び行い、それは彼の足に向かって螺旋を描き、同時に上方の天頂に向かって渦を描いた。私は再び、無限の象徴が、一時的な印象として現れるのを見て、彼がつくりだしたエネルギーの円錐（コーン）の中心における彼の手の渦を巻く動きに従った。それは、私の上腹部の中に、胸部がまるで爆発するかのように感じさせる感覚をつくりだした。胸部がその物理的な限界を超えて広がると思った時点で、私が見ていた区画は分割され、ふたつの部分に分かれた。それから私が見たのは、古い東洋風の戦士の集団の中にいる二人の小さな子供たちだった。

彼はひとりに言った。「君が自分を見つけるまで、われわれは待っている」そして彼はもうひとりを別な夢の場面に運んだ。そこでこの子供は三十三年間を生きた。この子供の名前は、ソマイだった。

この時点で、ザカイは言葉をさしはさんだ。「落ち着け。おまえは、ひどく幸運だ。ナワールがおまえに与えた力の贈り物は、現時点では理解を超えたものだ。おまえが見直すこの記憶は、出来事のタイムカプセルだ。その出来事は、おまえの認知システムの時間的な限界を越えて起こった。ソマイがおまえと一緒になったとき、おまえはたんに自分を同化吸収していただけで、再び目を覚ました三十三年後に、夢の作り手の領域で子供としてのおまえ自身に会ったとき、その子供もまたおまえとひとつになったことを知るのだ」

私は、虚空からの固定を解いて、ザカイを見た。「私が奇妙なことを知っていて、それができるのは、これが理由なのか？」

「そうだ」、彼は確約してくれた。

「老ナワールとソマイは三十三年間、共に過ごし、その時間の中で、ソマイは彼に与えられた深遠で神秘的な知識を同化吸収した。今やそれがおまえの一部になっているのをおまえは知っている。わしは、もうだいぶ前に起こったことに、おまえを気づかせたのだ。おまえの課題は、老ナワールがおまえに教えたこれらのレッスンを思い出すことだ。ただし変容状態でではなく、見る者の最も狂気じみた夢をも超える状態で思い出すんだ」

ザカイは穏やかに私の手をつかんだ。「おまえもわかったように、何が起こったか、そしてその出来事がどのようにして起こったのかをおまえはもう見た。だから、おまえに手渡されたそういったことを、これからより容易に見るだろう」

柔らかく私の手を握って、彼は直接、私の目を見て言った。

「なんとすばらしい力の話だろう。思い出すほどに驚くばかりの物語だ。さあ、目を覚ませ」

Q

老ナワールは、「君が自分を見つけるまで、われわれは待っている」と言いました。この言葉の意味を知りたいと思います。彼は、あなたが自分の力、自分の核、自分の広大さに思い切って戻ろうとする前に、世間で学ぶ必要があるレッスンについて語っているのですか？　私が見るところでは、あなたが連れていかれたときと、あなたの光輝が戻ったときが同時に生じても、あなたは三十三年分、年をとりました。あなたにとってこの期間の中にいなければならなかった理由は何だったのですか。もし老ナワールが時間を超えて生きているなら、その三十三年間は取るに足らないものだったのではないでしょうか。なぜその伝達は、あなたが最初に連れていかれたときに生じなかったのですか？

A

その伝達はすぐに生じましたが、一連の時間は、それが生じた直線的なプロセスにおいて価値を持っています。これは順序立って一緒にやってくる順序立っていない時間の情報単位という点で、説明が非常に難しいことです。人間存在としての私には、個人的に生じる必要のあることが数多くありました。実際に老ナワールが特定の区画を取ったため、機械的な学習という視点から情報を同化吸収する能力を持つという面で私はものが言えない状態にさせられました。その区画が私のところに戻ってきたとき、通常の人々が同化吸収する学習能力はまだ生じていませんでした。私は、自分が連れていかれたところからの視覚情報で攻め立てられていて、それが私が老ナワールから得た身体的な単位あるいは動作に変換されたのです。

Q なぜ、あなたの一部はただ待っていたのですか？　待っていた理由は何ですか？なぜ、その区画はただ待つためだけに引き離されたのですか？　なぜ老ナワールはこの区画を取るのが適切だとみなしたのですか？

A とても鋭い質問です。あらゆるものにつながっていながらも、あらゆるものの中に無があった、そんな絶対静止、完全な沈黙、広大さの中で待つことです。この体験は、私に待つことや沈黙することを教えてくれました。それが必要だったのです。

Q 私たちのプログラミングの影響から自分を解放するには何が起こらなければならないのでしょうか？　あなたは、内部の対話から離れても、このプログラム効果は完全に無効にならないと言いました。その影響を取り除くには、感情的な対話への同一化から完全に離れる必要があるのでしょうか？　真の自分に完全に到達する方法として、あなたは他の人にどんな提案をしますか？

A

この本の中にあるすべての情報があなたの質問に答えます。しかし、現時点で存在するすべてを集合的に束縛しているのは、社会の潮流に関連した内部の対話や感情的で機械的な反応です。人間の意識を強制的に束縛する罠を見抜く、先進的で共同的な結びつき（an advanced communal connectivity）が生じるまでは、これを他の関わりなしに独立的に見直す必要があります。

Q

分身（ダブル）はその区画とどのように関連するのですか？　分身が私たちの区画のひとつなのですか？　分身が区画を反映し、別なひと組をつくるのですか？　それらがエネルギーであるにもかかわらず、分身の区画、あるいは肉体の区画というものがあるのですか？

A

第三の眼の区画は分身ではありません。これらの区画がもはや夢見のために使われないと、分身は本質的に光り輝いている人間の形の中に中心化します。これが生じると、分身の力は肉体の近くにチャクラの回転プレートを引き寄せます。こうして、この生きた構造物の中で維持される分身の力と能力を高めるのです。

あなたの質問に別な方法で答えると、誰も自分の分身が位置する場所を正確には知りません。ベールで覆われているのです。これはすべての人にとっての謎で、人はただ分身が見るものを一時的に見るにすぎません。あなたがすでに行ったことのある場所に辿り着くとき、そこにいたことのあるのがわかっても、そこに辿り着いた瞬間にはその記憶を思い出せません。これは永久にあなたをはぐらかす既視感（デジャ・ヴ）の一形態です。これが、分身が謎である理由のひとつです。

私の教え子は、私が部屋に到着する前に私をその部屋でしばしば見て、私がその部屋から消え去ったかと思うと、突然、その部屋のドアから入ってくるので、身体的に衝撃を受けます。私が学んだのは、分身をここに連れてくること、その眼を夢見のために使わないということでした。ここであなたに与えている情報は、混乱に満ちているように思えるかもしれません。分身にあてはまる、絶対正確で確固とした答えや規則はないのです。

Q

この質問は実際には別の項に属するかもしれませんが、質問させてください。あなたのお母さんについての話がそうだったように、愛する人たちを通して、影があなたの前に現れるとき、あなたはどうしますか。私は、人が「する」ことは、その時々や状況においてそのつど独自であるのはわかっています。この種の状況の受け入れがたさを切り抜ける、何か理論的な答えはあるのでしょうか?

A

何かが質問されるとき、決してそれが不適切であるということはありません。この質問は、この項に収まるでしょう。最初にお話ししたいのは、私には多くの人々との深いつながりがあるということです。その絆は血筋を超えています。思い出していただきたいのは、私は自分の体験からだけ話しているということです。誰かと誰かの結びつきを断ち切る権利は家族を含めて誰にもありません。ですから私の言葉に慎重に耳を傾けて、私の体験を自分のことのように想像して生きないように努めてください。このようにして、まちがいがなされるからです。あなた自身の体験によって生きてください。自分自身の心臓を通して知るのです。自身の道が尽きるまで、その道を歩き、あなたの旅が変わらなければならないと見てとったら、それを変えるのです。あるいは、あなたの旅があなたのために変わってくれるでしょう。そのどちらかです。

私が、母に対して高圧的に話し、母の注意力に指図するあの実体を知覚したとき、この状況に対して力を与えていたのはその実体だけではなく、母もそうでした。人々は生き、生きることで何らかの結果が生じます。折悪しく私の眼の前で展開された結果は、私だけが見たのでした。

私が母の腕につかまれ、夢中歩行から目を覚まされた衝撃で、歯をガタガタさせていたとき、母は私をしっかり抱きしめ、自分の行動を後悔していました。母は、夢中歩行をしているあいだ私の目を覚まさせないように言われていました。彼らは、当時、知っていたことをただ知っていたのであり、それはほとんど何も知らないのと同様でした。われわれの知覚する世界を超えた複数の現実の真実をいまだしっかり保持しているのは、先住民の共同体だけです。

あなたの質問に答えるのは、私にとって個人的なことではありません。私は自分の家族の系譜を実のところ、無益で目的のないものとして見ます。私に悪意はありませんが、それについて話すほどの気持ちも、仲間意識もありません。彼らの生活を取り巻いている限界と、それが社会的な束縛を超えていく能力を減少させるのがわかっています。社会的な束縛とは知覚の網のことで、彼らはあえてそこからはずれようとはしません。はずれないことで、従順で、快適であり、何かに立ち向かうことはないように見えます。これに対して、私に出会って喜びの涙を流す人たちもいます。そういう人たちは、深い真実を話し、最も内奥の秘密を明らかにしてくれるのです。私はその人たちを家族と呼んでいます。これには私の子供たちも含まれます。彼らは、自分たちを束縛していたものがもはや彼らを束縛していないということを知っており、そこでは私の心臓は苦しまずにすみます。これらの戦士たちは、常に満たされ、思いやりがあり、心豊かです。彼らは、まさに私の母がしたことそのものと闘っていて、その上何と闘っているかを知っています。その点が違います。ある人にとってそれは、自分を悩まし、しつこくつきまとう心です。別の人にとってそれは、冷酷な感情です。彼らは、自分たちの最高の報償を見られる瞬間がやってくるまで、自由になろうと闘うのです。

質問に戻ると、あなたは友達や家族とどのようにつきあっていますか？　あなたが彼らの目の背後に何か好戦的で厄介なものを見て、それが害をなそうとし、悲しみを引き起こそうとする瞬間が訪れたら、そのときは、一歩離れることです。自分が何に立ち会っているのかを静かに見て、知るようにするのです。あなたが関わっている者が、自分の抱いた思いが有害であるかもしれないと悟るまで、静かに観察するのです。

それでも自分の正しさを確かめたり、自分を認めてもらおうとしたりしてはいけません。静かに立って、あなたがそれを見る瞬間に、それがおのずと現れるのを観察するのです。自分の知っていることを少しも示さずに、目の前の人間を心から抱擁し、静かに受け入れることにより、自分に潜在する捕獲者に最も壊滅的な打撃を与えます。それにより、抱擁された相手は、あなたが話さずに見るのを理解できます。こうしてその人はあなたの優しさを介して、自分のしていること、自分が何者なのかを自覚できるようになるのです。

Q

区画というのは、教えや記憶の、過去、現在、未来の理解や存在の構成部品をそれぞれ維持する意識の位置とみなすことができますか？　「突然の」理解は、決して「新しい」ものではなく、むしろすでにあるものが単に再び見出されたものだと感じます。それは実際には、区画が相互作用しているのですか、あるいは他の人たちの区画と一緒になって、いわば異なる配置をつくりだしているのですか？　それとも、より正確には、ある複数の区画が突然――たとえ一時的にでも――同調し、重複し、伝え合い、構成部品が個別に異なった相互作用をして、この非合理的な理解をもたらすのですか？

私たちが求める深い理解や流動性は、それぞれ互いに区画を相互作用させ、全体を意識することになるのですか？　「完全な想起（トータル・リコール）」は、すべての区画がそれぞれ互いに開かれ、それぞれ互いに気づき合い、それらが全体として存在していることを意識するときに生じるのですか？

A

われわれは、多面的に知覚する第三の眼の能力に全体的かつ単独に焦点を当てているにもかかわらず、それは旋回するマトリックスです。普遍的に広がり、第三の眼の網（ネット）を送り出すクラウン（冠）という旋回するマトリックスなのです。いくつかの文化で、これは千の花びらの蓮と呼ばれます。前兆を見ることは、ひとつの花のイメージにたとえられます。花びらはヴィジョンや声、つまり、過去のもの、未来のもの、そして現在生成されつつあるものの認識を表します。予知の本質は、これまで誤解されてきました。ここで自覚しなければならないのは、予知がふたつのレベルで生じるということです。それは、来る（きた）べきものに応じて同調する際に見る者がどこにいるかにかかっています。

もしヴィジョンが内部的に現れるなら、眼はそのようにそれを見るでしょう。それは控えめで、特定のパラメーターを持ち、見る者がその限界を理解するよう導きます。

それが外部的に生じるとき、その映像はその人の目の前に漠然と一瞬表れます。そして、予知あるいは前兆は拡大し、未来の派生効果を生じます。前兆のこれらのタイプの言いつけは、普遍的側面を持っており、とても非個人的で、それでいてそれを見る人の能力に合わせて個人化されています。

情報がクラウンを介して流入するにつれ、人は見て、知るようになります。この時点で重要なのは、見るものについて話をしないことです。なぜなら、見られたもののまさに本質は、実際の出来事に先行する前触れだからです。だから、あなたが最初に花（例：前兆）を見るときには待つことが不可欠で、それがひとつの花びらにすぎないと知ってください。花全部が現れるまで根気よく待たなくてはなりません。それがその顕現を完了させるときにだけ、その香りの完全な派生効果を嗅ぐようになるのです。それに対して開かれている人にとって記念碑的なものになるかもしれない出来事に向かって最高潮に達する香りです。

戦士は黙って出来事を知覚するようになり、最初の認識を通じてベールがとられるにつれ、永遠の魔法が力をふるい、見る者により目撃されるようになります。一方、もし戦士が自分自身の正しさを確かめようとするなら、その確認作業が最初の花びら、すなわち最初に見られた前兆の力を消失させてしまいます。したがって、完全な出現がひずめられ、その不恰好な形そのものを通じて、世界はそれに介入した人の眼に重しのようにのしかかります。われわれの自己の全側面が絡み合い、回収され、集まって、最終的に何物かになるというのは本当です。不器用な人の失敗でさえも、起こるべく定められていることに至るのです。

この知識をたずさえ、われわれは心配することなく慎重に前進します。この世界に気づかれないほど軽く触れて、そしてそれが結果として現れるのを待つのです。

これから、あなたの質問の最初の部分に集点を合わせます。われわれが皆、網のように広がっていて、あまねく結ばれていると想像してください。この網の各部分が継続的かつ永遠に他の網と交差し、絡み合っていると想像するのです。ひとつの区画が別なそれと出会い、認識が生じます。こうして出来事は、各部分の個々のマトリックスに突き当たり、予知をつくります。この全未来、全現在、全過去の結びつきは、直線的な視点からは見ることができません。それは次元を持っていて、それ自体の中にあるこれらの次元はすでにその結果を知っています。網が投げられるとき、不可分の力が、それ自体のベールをとったそれぞれの眼を持つことにより見るからです。

この広がりの中の小さな光――それはわれわれです――である結果として、これらの区画の多くはベールで覆われており、われわれに自由意志を与えるものの、あなたの意識の中に生じうる矛盾に満ちた条件が何であれ、その中に自由意志はありません。現在すでにあるものを想像したことによる、その言いつけがあるだけです。これがわれわれのジレンマです。われわれは自分の前にある道がそのベールをとるのを待ちうける際、考慮すべきひとつの重要な要因に気づいていなければなりません。あなたが他の人のあまりにも近くに立っていると、その影があなたの存在に圧力をかけるということです。その外側に出なければならないことを知ってください。そうすればひずみであるものを吸収しなくてすみます。そのひずみは本質的に受け入れられないものを受け入れさせて、あなた自身のものにしてしまうのです。いるべきでないところにあなたを強制的に移動させようとする誰かにそれをそうさせてしまったという事実により、その受け入れられないものがあなたのものになったにすぎないのを知ってください。それでもあなたがそうさせるなら、あなたが見るまで、そうなるでしょう。自分に影響を与えているものに気づくのに、遅いということはないことに注意してください。

誤った同調の派生効果は、人生の道筋に重い代償を負わせます。失われた一瞬一瞬が一生にもおよぶのです。そして、一生がまさにこうした瞬間の中で失われることがあります。次元の中で相互作用するわれわれの第三の眼の能力からすると、われわれが想像もできない瞬間がありますが、その瞬間が捕食者によって見られている可能性があるのを自覚することが重要です。捕食者はわれわれの構造物の中や、至るところで絡み合っていて、ある点で想像不可能であるにもかかわらず、われわれが直面するプログラミングそのものを通じて明らかにされます。われわれの状況の背後にある弱みは、われわれの運命の多くがベールに覆われているという事実にあります。このベールによりわれわれが自分の予測に組み込むことのできないこの要因は、われわれが知覚する現実というマトリックスの外側に立つ者によって見られている場合があるのです。

これは非常に複雑な問題で、われわれの意識に介入する第一の存在のタイプについては『平行的な知覚に忍び寄る技術』で広範に述べました。これらの無機体（イノーガニックス）は、われわれの夢見の注意力と混合しています。別な無機体は、想像可能なあらゆるものの背後にいます。これは否定的に聞こえるかもしれませんが、自分が自分であるところの者になろうとし、自分が何者であるかを知ろうと努めることが、亀裂や密封（亀裂を塞ぐこと）を生じさせる場合もあるのです。完璧な生活を送ることにより、人が自分の無欠性を魔術的に引き締めれば、この種の介入は生じなくなります。この本の中にある技法は、人類としてのわれわれが罠にかかってしまうこれらの開口部を密封するのに役立ちます。それは、われわれの同胞の手により実を結ぶこの惑星上で、闘うべき勢力があるという事実によるものです。その悪意により、この実が腐るなら、それが何であるかを確かめて、否定的な関与から自分自身を引き離すことにより、現時点でこの惑星を破壊しているすべてを変えましょう。もはや時間が残されていないことを考慮してください。たとえ目の前にあなたの人生があるにしても、時間はないのです。

第四章　技法、シリーズⅠ　：第三の眼のベールをとる

これらの見つめる技法を実践するにつれ、特定の変化が示されます。この技法の実践により起こることの直接体験と、何が起こるかの説明のあいだには隔たりがあり、説明は困難です。第三の眼を覚醒させることは、見る者自身と、見る者が人生上で行動する方法を劇的に変える力があります。技法を概説した後に、社会の潮流から離れ、内なる広大さに気づくことにより得られる派生効果を説明します。知覚のシフトをより深く理解するために、あなたが出会ったことを書き留め、これらの技法を実践する他の人たちと共に「平行的な知覚のフォーラム」に参加することも役立つかもしれません。

□技法一　：鏡

ここでまず、第一の見つめる技法から始めます。それは「鏡」と呼ばれる本質的かつ予備

的な実践で、〈意識〉を〈見つめる意思〉に同調させます。これは私の恩人たちの熟練した行動により、私の注意力が再配置されたときに、私が置かれていた意識の状態です。私の第三の眼の能力によって、私の区画だった複雑さを見たとき、この最初の技法を教わりました。

自分の右手を胸、心臓のセンターに置いていると想像してください。そして、見つめる対象をひとつ選びます。何でもかまいません。心臓の感覚(フィーリング)に浸っているあいだ、同時にその選んだものを見ます。あなたがそれを見るとき、それがあなたを見ていることを実感してください。

あなたが出会うすべてのもの、その知覚があなたに溶け込んでいるのに気づいてください。あなたの眼を通して見つめているものに向かう心臓からの押すような感覚のせいで、あなたはすべてであり、すべてはあなたです。常に存在する一体性(ユニオン)の中に浸ってください。個人性が分離の錯覚をもたらし、われわれはこの一体性から隔離されてしまったのです。

次に、他の人に会うとき、自分の心のこもった気持ちに浸りながら、その人を、自分自身を見るように見てみましょう。これは、あなたを一体性の地点に連れていきます。

彼らの話を熱心に聞き、あなたの注意力を、真心を、まるごとその人に向けるのです。出てきた身振りすべてを観察してください。集中しても、執着しないように注意します。努力せずに、気軽な気持ちを保ちます。あなたが発見したことについて話をしようとしてはいけません。ただ展開する出来事に耳を傾け、観察します。これが、強迫的な自己から離れる最初の段階です。どの点についても、自分を認めてもらおうとしてはいけません。自分の一部を付け加えてはいけません。

少なくとも二十一日間、このような心がけを実践します。このような意識があなたになるまで続けるのです。出会う人の役に立ちましょう。求められること、頼まれることを口論や質問をせずに行います。

あなたを束縛しているもの、条件づけられたプログラミングに、この実践を通して気づいてください。早まって差し出がましいことを言わないようにするのを忘れてはいけません。観察し、親切に。

見つめている人を自分であるかのように、愛し、称えます。あなたの時間を彼らに差し出しましょう。彼らの時間が、与えられたあなたの時間であるかのように。

あなたのすることが何であれ、後悔してはいけませんし、どんな形であれ、正しさを確かめようとしてはいけません。もしあなたが腹を立てているなら、感じていることを表に出すような身振りをしてはいけません。あなたの中にとどめておきましょう。

日記帳を手に入れて、湧き起こった敵対しようとする力や対立感情すべてを書き留めます。他の人については書かないようにします。というのは、この場合、あなたが着手しているこの活動からすると、彼らはあなただからです。

あらゆるものから、ゆっくりと慎重に、そっと離れます。この行為そのものがあなたを溶け込ませ統一して、利己的かもしれないあなた自身の一部を分離し、想起の際の検討可能な個々の構成要素に仕立てます。

矛盾するように思えるかもしれませんが、これを行うことであなたは、これら隔離された要素が実際には、あなたが全体になるのを妨げているのに気づきます。この技法は、何世紀にもわたって僧侶たちが行ってきました。たとえ知らなかったとしても、彼らはそれを実践していたのです。多くの仏教の伝統では上昇の意識をもたらすために、入門者に祈りの姿勢で右手を胸の前に置いたまま、いっぽうで彼らが道を歩く際に下方を見つめるよう求めます。

この「鏡」は、〈星を見つめる一〉の技法と一緒に用いられます。正しさを確かめようとしないことは、この本の反復**の手法に組み込まれているきわめて重要な秘密です。これと、上昇の真の性質は、後の章で詳しく説明されます。

＊＊訳注：原著のサブタイトル（反復の真の本質を見出す）にも含まれている反復〔recapitulation〕とは、メキシコ・シャーマニズムにおける修行法のひとつ。本書では、これまでカルロス・カスタネダが紹介してきた反復の意義や手法とは異なる側面が語られている。「反復」という訳語は適切でない面もあるが、カスタネダの邦訳書の大半でそのように訳されているので、本書もこの訳語に従う。

自分の心臓の中にいよう。
自分の心臓で見て、感じよう。
自分の心臓が他者の中にあるのを認めよう。
心臓からの言葉を話そう。
この大切な心室の中で
他者の言葉を受け入れるのだ。

□技法二：龍の息

息を吸い込むとき、内部の対話が息になるように命じて、考えをなくします。非常に静かに息を吸い、息を吐き、それが自分に聞こえないようにします。心臓や呼吸に寄り添ってください。世界を見つめるとき、心臓が見るものを認識し、息があなたの観察する光景の感覚を得るようになります。

□技法三：永遠の熟視――星を見つめる一

【反復の準備】

〈永遠の熟視〉は、このシリーズのこれから先の見つめる技法すべての基礎となるので、以下の技法すべての前に行う必要があります。

永遠の熟視は、雲のない澄みきった夜に、星が見える場所で実践しなければなりません。あなたは、主星と副星を選択する必要があります。主星を時計の中心とすれば、副星は四時から五時の位置です。130ページのイラストを見てください。一度、星を選んだら、主星を凝視（ハード・ゲイズ）しなくてはなりません。凝視とは、まばたきを最小限にしてじっと見つめることです。

視野周辺部の右下に小さな星**を維持します。これは漠然視（ソフト・ゲイズ）です。しばらくすると、その目立つ星**は、「脚」を拡げはじめます。一匹の昆虫のように見えるかもしれません。主星のほうを見つめると、それが収縮しはじめるのを見ます。同時に副星は、くねくね動いて逃げ出そうとしているかのように見えます。これが眼の四時から五時の象限で知覚されます。

副星が視野周辺部から最終的に消え去るとき、この技法の最初の部分と、その夜の見つめる作業は終了します。

** 訳注：どちらも副星をさすと思われる。

教え子たちが私を訪ねてくるとき、この技法の最後の部分が特別な形式で用いられます。ナワールがいないときに、この見つめることを実行する人たちは、この第一の技法を別な形に変更しなければなりません。

副星が消え、見つめる作業が終了した後、私は教え子たちの家までの道を彼らと共に歩きます。それからわれわれは向きを変えて、主星を見て、それを彼らに記憶させます。翌日、教え子たちが私の家にくると、彼らを座らせて私は言います。「昨晩、私と一緒に道を歩いている自分自身を見てください。われわれが立ち止まって主星を見たところを見るのです」

彼らが自分の記憶の中で主星を見たら、私は次のように言います。「ここに私と一緒に座って。昨晩、あそこにいたとき、主星の側からあの道を見下ろしてごらん。さて、あなたがたはどうしてあそこにいられるんですか、今私と一緒にここに座っているのに？」と言います。

その自覚が生じるとき、彼らは消えます。副星が消えたように消えるのです。

ナワールがいないとき、この技法を変更する必要があります。ナワールと教え子のあいだに生じることを理解した上で、この技法の最後の部分を次のようにするとよいでしょう。

見つめることをやる夜、道を歩きながら再び主星を見上げ、家に帰って眠りにつきます。翌朝、起きたら、心の眼の中で、星の側から前の晩にいた道を見なければなりません。この見直しは、あなたがそこでは自分自身を見ないだろうことを裏づけるでしょう。なぜなら、あなたはもはやその道にはいないからです――あなたはここ、今座っているところにいるからです。自分自身の記憶が副星のようになり――あなたはほんのつかの間だけそこにいて、それからあなたは消えるのです。

その視点からだと、あなたは主星となり、あなた自身のイメージは、そこにほんの一瞬だけいて、消えます。それは自己イメージが、右眼の視点から消える副星であることによります。

星が消えるというのは、壮大なことです。一度その星が消えると、それは自分自身の記憶を維持する右眼の能力を常に再配列します。断片化した自分自身の記憶は主星へと飛んでいき、あなたが完全であるという事実を明らかにします。あなたは主星です。

繰り返します。この技法は、あなたが前の晩にいた道を見て、主星の側からその道に誰もいないのを見るときに完了します。

自身が消えるのを見ることは、空虚へと向かう旅の始まりであり、その特質です。それは、自己に執着する焦点――われわれの人間の形と社会的な視点――から離れる始まりであり、永遠の熟視に入り込む手続きです。

[永遠の熟視]

【正しさを確かめる必要をなくす】

ここで〈永遠の熟視〉を実践する人に、それが何を達成するのかを説明しましょう。変容をはじめるのに必要なのは、一度それを実行することだけです。

主星は、自己を表します。この具体的な世界に踏み込んだ見る者のことです。副星はその自己の反映を表します。

見つめる人が主星に焦点を合わせると、副星が一瞬消え去って、それから戻ってきます。これが自己を理解し、主星に付随している副星の影響を理解する第一段階です。

主星としてのわれわれは、知り、感じ、聞きます。われわれの感覚（五感）すべては生きていて、まわりの世界の入力情報（インプット）と共に振動しています。われわれは百％現存していますが、自覚の瞬間を越えて存在するわれわれ自身の一部は、それを想像しようと望む瞬間に消えてしまいます。

われわれは記憶として存在しています。これがわれわれの条件です。その記憶そのものがわれわれを取り囲む世界への固定した、あるいは流動的な注意力により、過去のこと、実際に現在あること、やがて入手可能になることに対するわれわれの意識を束ねています。主星を見るとき、あなたはその形の堅固さの中に自分自身を認識します。

視野周辺部の副星が消え去るとき、記憶としてひっそりとたたずんでいる自己には、その目的が無益であり、最終的にはこれらの記憶が見直され、それからわれわれの死の時点で消えるというメッセージが与えられます。

ここで重要なのは、副星が消え去るとき、それ自身を所有し、蓄える右眼の能力の九十五%がシャットダウンされるのを自覚することです。こうして左眼が目覚め、われわれの前から消える各瞬間を永続的に反復する潜在能力が手に入ります。こうしてわれわれは、第三の眼のベールを取り、存在するすべてのものに自分を役立てはじめます。つまり、操作可能なことを操作しなくなり、戦士の力という潜在力で行動するみずからの真の自己の未来的な側面を妨げる記憶から自由になるのです。

眼の中でこの技法を習得した後にこの世界を見ると、あなたの心臓はわれわれからまさしく今逃れているこの瞬間の現在の自覚を求める永遠の圧力を認識しはじめるようになります。そして、もはや存在しないものの記憶がひとつの感覚になり、それが眼の代わりにやがて語るようになって、われわれの本当の旅が始まります。ここで戦士は、最も強力なアドバイザーである死に目覚めます。この観点から、「全存在」が、われわれが把握することもコントロールすることもできないその瞬間と真の関連性を持ちます。こうしてわれわれは、生きることの恐れをなくします。この時点以降、後悔なしに生きるのです。

【植物を見つめる準備】

見つめる技法を実行するには、最初に次のものを用意する必要があります：

・二鉢のディフェンバキア

ディフェンバキアは、使用するティー・ライト・キャンドル**で葉が焼けないように、十分な高さのあるものにします。植木鉢は黒いものを使います。黒い植木鉢が手に入らない場合は、光沢のない素材で植木鉢を黒く覆ってください。ディフェンバキアには、いくつかの種類があります。見つめるのに使うのは、頑丈で強い茎を持っている、まっすぐに成長したものです。このタイプのディフェンバキアはタイ原産のものですが、広く普及していて、園芸店などで手に入れることができます。ディフェンバキアの毒性は弱いものの、食べると危険なので、幼児の手の届かないところに置いてください。決して棘（とげ）の部分を見つめないようにしてください、見つめる人に悪影響をおよぼします。代わりに暗紅色の植物を使用することもできます。

** 訳注：アロマポット用などに使われるアルミカップに入った小さなキャンドル。

・十二個から二十個のティー・ライト・キャンドル

キャンドルは、土壌に二cmくらいのくぼみをつくって入れる必要があります。鉢や植物を見つめるとき、キャンドルの炎が直接、眼に入らないようにしてください。

・黒または非常に暗い背景

植物の背景を設定する必要があります。見つめる際には、植物自体の葉を除き、反射する面がどこにもないようにしてください。見つめる人が、視覚的に気を散らすことなしに見つめる訓練に没頭できるようにするためです。

部屋の中で光を反射するものは、何であれ覆ってください。十分に背の高いディフェンバキアが手に入らない場合、別の大きな鉢の中に小さな植物を置くこともできますが、その際には大きな鉢の中に木材チップを敷き詰めて、十分な高さを確保します。この場合、ティー・ライト・キャンドルは小さな鉢のまわりの木材チップの上に置くことができます。キャンドルを眼に見えないようにして、小さな植物を照らすようにします。また、夜空を背景として使うこともできます。これは、後述の星、植物、影、火を同時に使う見つめる技法に役立ちます。そよ風があるのは効果的で、そうすると、ろうそくの炎が前後にちらつき、壁や天井に映し出される影と光の相互作用があなたを誘い込むでしょう。それに気づく上では、視野周辺部が重要です。

二鉢の植物は、手首から肘までの間隔ぐらいの距離に離して置き、三〜四mほど離れたところからその植物を見つめる訓練をします。植物は、眼よりも高い位置に配置する必要があります。植物を十分な高さに置けない場合、横になって枕に頭を置き、植物を三十度の角度で見るという選択肢もあります。繰り返しになりますが、炎が直接見えないようにすることと、炎で葉を燃やさないようにすることが重要です。炎を直接見つめると、身体の調子が悪くなったり、身体が見つめる体験に対する拒否反応を起こすこともあります。ろうそくの炎は、たいていの場合、見つめる目的のためには明るすぎます。

この後には、まだ多くの見つめる技法があります。しかし、最初のシリーズは、特に反復のプロセスを扱っています。反復の技法は順番に行われることが重要です。つまり、見つめる技法は、シリーズ一から行わなければなりません。シリーズ二は、シリーズ一が完了した後に行われます。それからこれらの技法は、あなたの望む順番でアプローチ可能になります。見つめる場所の準備が整ったら、第一の「植物を見つめる技法」の用意ができたことになります。

見つめる際には、可能な限り多くの沈黙が促される雰囲気をつくりだすことが重要です。夜が澄みきっていて、穏やかな風のある晩を選ぶのがよいでしょう。ディフェンバキアは黒い鉢に入っていて、キャンドルが灯った状態で土の中におさまっています。少なくとも五つのティー・ライト・キャンドルを使ってください。それぞれの植物の周辺に余裕がある場合は、それよりも多くします。風がない場合は、低い位置に扇風機（ファン）を置くようにします。

最適なのは、早目に植物を準備し、夕方の早い時期、暗くなる前に二十分ほどリラックスして快適な状態を保つことです。そうすれば、暗闇を自分の身体に少しずつ染み込ませる機会があるし、ディフェンバキアと一緒にその晩の雰囲気に立ち会うことになります。この準備の項目で説明したように、植物は眼よりも高い位置にくるようにして、前腕の長さだけ離す必要があります。また、植物の背後は、夜空を背景にできない場合は、黒い背景にして、照らし出すプロセスを強調することが大切です。

あなたはこの時間を使って、植物と夜に自分自身をなじませます。輝く植物や、室内と視野周辺部の光と影の相互作用を観察します。この技法の開始時には、それぞれの植物と仲よくなっている必要があります。

見つめることに含まれるのは、眼の象限を満たす（フィードする）ことです。両眼それぞれは、四つの主要象限で構成されています。各象限が半分に分割されると、円錐形をつくります。円の内側に十字を描き、四つの象限それぞれをふたつに分割するのをイメージしてください。これにより、光を吸収するそれぞれの眼は、八つの部分に分かれます。見つめるときには、たいていの場合、対象を直接見ないで、視野周辺部で知覚します。ここで、あなたは見つめる対象のまわりの広い輪の中で見ていて、眼で説明されたのと同じ方法で対象のまわりの象限を観察しています。これらの位置あるいは象限は、十二時、三時、六時、九時の位置を示す時計の表面のようなものです。それぞれの位置は、ふたつのセグメントで構成されています。つまり、上と下の位置の左右、そして三時と九時の位置の上下のセグメントです。

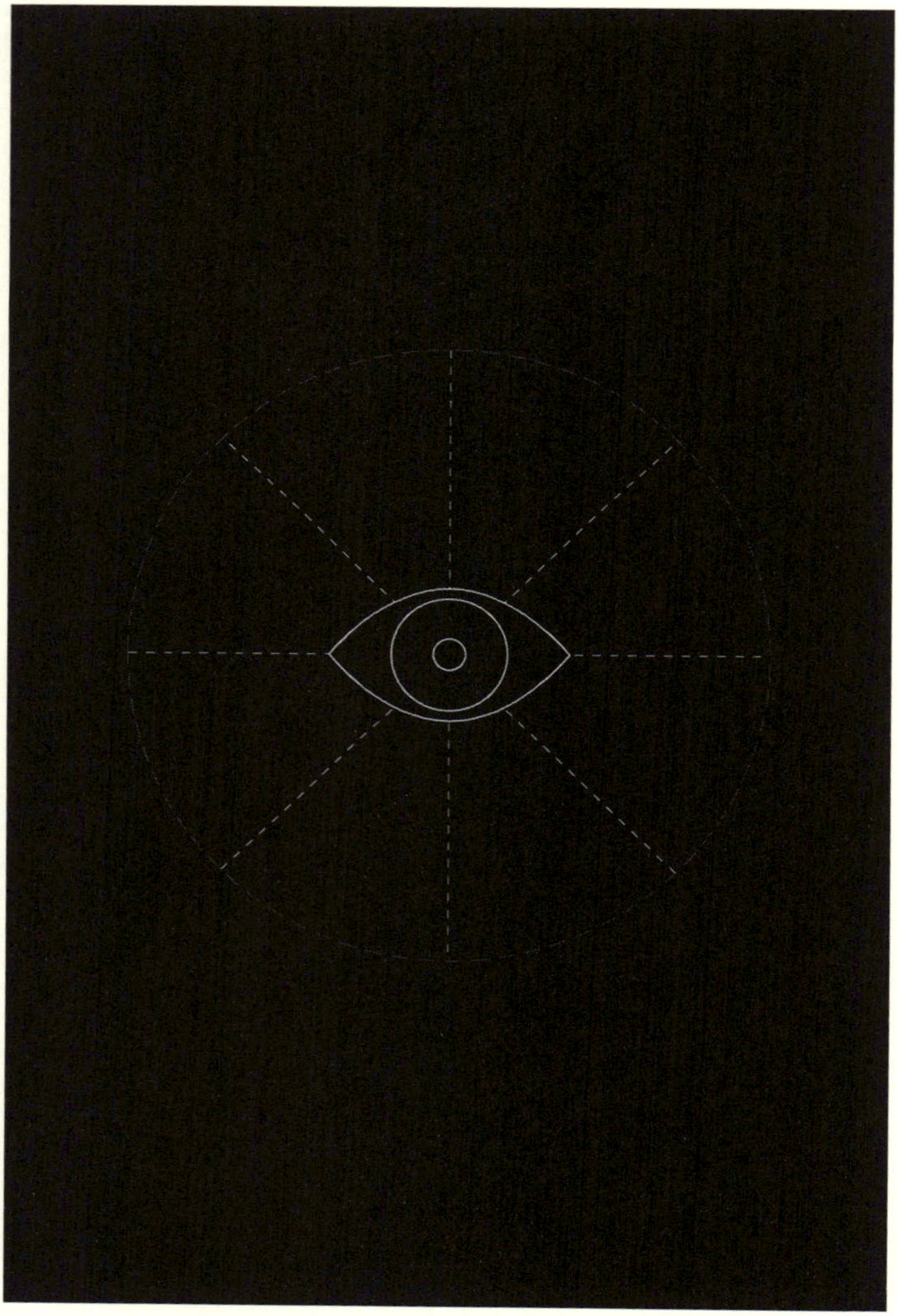

[象限]

□技法四：一鉢の植物を見つめる

すべての準備が整ったら、植物から適切な距離をおいて心地よく座ります。植物自体から発する光と影のたわむれに気づくようにしてください。壁や天井に映し出されて踊る影に心を浸し、前方を見て、あなたの視野周辺部や凝視（ハード・ゲイズ）が、光の相互作用に関わるようにしてください。そうすると影と影のあいだにある空虚な空間に気づきはじめます。

これを終えると、あなたは身体の中にある感覚に気づくかもしれません。しびれたような、快適な感じです。これが生じたら、植物の中心部に目を向けましょう。壁や天井でやったのと同じことをやります。葉から発する光と闇に焦点を合わせましょう。

最初に最もはっきりと暗い葉に焦点を合わせ、あなたの前で起こる視覚の相互作用として他のすべてを視野周辺部で見ます。それから、最も明るい葉に目を向けて、同じことを行います。

一度これが為されたら、象限に慣れましょう。十二時の位置に眼を合わせます。時計回りに三時、六時、九時と進み、再び十二時に戻ります。ひとまわりを終えたら、植物の外周に目を向けてください。それがあなたの凝視の位置です。141ページの図を参照してください。

一度、凝視する周辺を確認したら、再び時計周りであなたの象限の中を進みます。次の段階は、十二時に戻って、今度は二番目の見つめることに気づくようにします。それは漠然視（ソフト・ゲイズ）

で、内側の円周に対応する点で、灰色の数字のそばのイメージで示されています。

凝視に焦点を当てるとき、間接的に漠然視で植物に気づいてください。回転を続け、視野周辺部で見つめること、すなわち漠然視の中に現れる青色をゆったりと待ちます。

この現象を無理に見ようとしてはいけません。それはおのずと現れます。ひとつの点、かすかな明滅を見るだけかもしれません。この場合、その象限が活性化されたことがわかります。そうしたら、次に移りましょう。

青色を見つけるのが難しい場合もあるでしょう。その場合、凝視を植物のそばに近づけ(たとえば、視野の範囲を小さくして)、漠然視を縮めるのです。これでも青が現れない場合、凝視の距離を植物からより離れたところまで広げて、それによって漠然視の円周も広げます。

各象限において、見つめることを内側または外側に動かす必要がある場合があります。その日によって違うので、予期せぬことを予期するように備えましょう。同じ原則が、二鉢の植物を見つめるときにも当てはまります。違いは、一鉢の植物を見つめるのと比べて、より多くの視野周辺部の活動が生じるということです。二鉢の植物での作業に移る前に、一鉢の植物を見つめて、それぞれの象限の中に青を見つけることが重要です。

[一鉢の植物を見つめる]

□技法五　：二鉢の植物を見つめる

二鉢の植物を見つめるとき、あなたは二重の視野周辺部にアクセスしています。ふたつの特別なことが生じています。漠然視は第一の植物に向けられ、二番目の漠然視が、視覚のさらなる周辺部における第二の植物に向けられているのです。凝視は、あなたがそれを回転させるにつれて、それらの植物の外側に焦点を当てており、ふたつの漠然視は周辺部においての植物に向けられています。このため眼は、あなたが想像できないことを自覚するでしょう。つまり、眼は二重の視野周辺部を維持するということです。これが、眼が次元性にアクセスすべく第三の眼と組み合わさって働く方法です。見つめる者が青を見て、象限を通る動きに働きかけるのは、焦点の当てられた最初の植物の中でです。二重知覚の背後にある本当の秘密は、あなたが青を見なくても、二番目の植物が第三の眼に働きかけて、次元的な渦を内側に開くことです。

二重の「植物を見つめること」は、一鉢の植物を見つめるのと同じ原則が使われます。二鉢の植物を見つめるとき、両方の植物を旋回する区域をつくり、そこを見つめます。植物をとりまく範囲は、個人によってそのサイズが異なります。十五〜三十㎝のあいだの区域を試してみてください。144ページのイラストを参照してください。

再び二鉢の植物のあいだの中心部を見つめることからはじめます。植物からの光を取り込み、十二時の方向に移動します。十二時の位置で植物たちからの光で眼をいっぱいにすると、眼の下部の六時の象限を満（フィード）たしています。この区域は、自分の視野周辺部からの植物の光を取り込んでいるところです。

深い鮮やかな青い区域が、植物のまわりに現れるまで待ってください。おそらくそれは植物自体の端から放射されているか、もしくは特定の場所からということもあります。青が現れたら、次の象限、三時の位置に移ります。今やあなたの眼は、眼の左側の九時の、内側の象限で満（フィード）たされています。

再びあなたは、青が現れるまで待ち、それが現れたら、まなざしを次の六時の位置に動かします。この位置では、眼の上の十二時の象限が満（フィード）たされています。

青が再び現れたら、次の象限、九時の位置に移動します。そこでは、眼の右側の三時の象限が満（フィード）たされています。ここからまなざしは最後の位置、十二時に戻ります。そして、それから二鉢の植物の中心部へと向かい、一連の作業が完了します。このプロセスのあいだに眼の象限は、青色のスペクトルからの電磁気的な光で満（フィード）たされています。象限を移動し、視野周辺部で植物を見つめるとき、ロウソクと植物からの光が灯された部屋または区域の中での光と影も意識しているべきです。光と影の動きに注意してください。植物の縁に気づいているようにします。時計回りの方向にだけ眼を動かすことに注意して、それを忘れないようにします。

[二鉢の植物を見つめる]

【見つめる際の気分】

結果にこだわらない特定の気分で見つめることが重要です。見つめるたびに、その体験は異なります。ときには深遠な変化を体験する場合があります。また別なときにはその体験によって気持ちをそらされたり、ほとんど影響を受けない場合もあります。こういったことは問題ではありません。見つめることは、結果とは関係ないのです。体験をそのままの形で受け入れてください。

時々、いくつかの象限に青色の光を見て、他の象限では見ないことがあります。これは、第三の眼のこの部分がそのとき閉じていることを暗示し、また別なときにその象限で青を知覚する場合があります。これは、第三の眼が中断されることなく完全に開かれるまで続きます。時々、この見つめる技法を少し調整する必要のある場合もあります。植物から離れたり近づいたりして見つめてもよいでしょう。リラックスして、期待せずに、ただ受け入れる気分でいることが大切です。体験が自然に現れるようにしてください。

【見つめることを歩かせる】

もし苛立(いらだ)ちや不満を感じたら、見つめるのをすぐにやめなければなりません。それから「見つめることを歩かせる」と呼ばれるプロセスをはじめる必要があります。見つめるのをやめ、キャンドルを消し、散歩に出かけます。散歩のあいだ、誰かにかかわったり、誰かを直接見てはいけません。こうすれば、不満あるいは苛立ちなしに見つめる体験に没頭できます。見つめる際に正しい気分を保つことが大切です。つまり、見つめる実践をするあいだ、流動性を保ち、固定化や、どんな種類の病的状態からも離れていることです。

【常に時計回りに回転させる】

見つめる際には常に象限の中を時計回りに継続的に回転する必要があることを、ここで繰り返さなければなりません。どんな状況下でも、反時計回りに進むことは避けなければなりません。それは望ましくない通路を開くからです。

私の教え子のひとりが、私と一緒に〈花を見つめる〉実践を行ないました。この技法については、この本の後のほうで述べます。彼女は眼を反時計回りに動かし、彼女の見つめていた場所、つまり私たちの眼の前の情景に、影の管状ビームが下降してくるのを私は見ました。私は彼女に、今眼を反時計回りに動かしたのかと尋ねると、彼女はそうだと答えました。

その日の晩と、その後の何晩か、彼女は眠っているときに自分の部屋に何かがいるという感覚を味わいました。起きてから彼女が祭壇の上に置いたものを見ると、それらが不思議な形で置き代わっていて、彼女の眼の前でどしんと激しく音を立てました。これらの侵入がやむまでに数日かかったのですが、これは彼女が〈ほんの少しだけ〉反時計回りに眼を動かしたことの結果だったのです。

チベットのスワスティカ（かぎ十字）は、光に関係する実践はこの方向で調和的に動くということを四本の曲がった腕（アーム）で示しています。眼が時計回りに回転すると、構造物の視覚的な内容（コンテクスト）の影響が右眼に入るのをロックし、やめさせます。そうすることによって、心のおしゃべりや条件づけられた社会的な応答となって人の知覚に解釈されたり、ろ過されたりするのを防ぎます。

これらの回転のあいだ、同時に左眼が反時計回りに回転する能力を増し、宇宙と世界全般に対して開かれます。そうして永続的な反復状態ですべての出来事を目撃するのです。この独特な回転が、見る者にそのときの瞬間にふさわしい情報単位を取り入れることを可能にさせ、何らかの意志表示（ジェスチャー）をします。それが口頭のものか、物理的なものか、または他者の身体あるいは状況全般から直接心臓に向かって発せられる光のフレア（ゆらめき）として現れるかにかかわらず、何らかの身振りがあるのです。これらは洞察として静かに目撃されるか、または必要であれば、すくいとられることにより喉のセンターに話し言葉が送られて、人はこれまで自分自身で発したのを聞いたこともない真実を話すでしょう。

これについては、この本を深く読み進んでいくことによって、さらに詳細に明かされるでしょう。

Q これらの技法は非常に美しく、慎重に配列されていて、実践のあらゆる側面が意味と強い効力を持っていると感じます。ディフェンバキアという植物を使う理由は何ですか？

A ディフェンバキアは生まれつき守護者(ガーディアン)です。見つめる技法が用いられると、最も絶妙な青を発散します。この植物は、見つめる人とすばやくきずなをつくり、このきずなが完全なものになると、見つめる者は地球上のその種類の植物すべてに完全にアクセスできます。最初に一鉢または二鉢の植物を見つめることによって、これが起きます。彼らが自身の植物種全体と分かち合っている共生能力には、驚くばかりです。〈星を見つめる〉と組み合わせられると、その植物たちは私が今まで体験してきたどんなことをも越えるほどです。見つめる者の背の高さにまで彼らが成長したら、それを正面玄関の内側に置いて、家を守ってもらうことができます。通常、彼らがするのは、見知らぬ人が入ってきたときにその人の身体に小さな衝撃波を送り出すことで、そうするとその訪問者は少し動揺して、そこに誰かが立っているように思います。

彼らが持っているもうひとつの能力は、彼らが発する色によるもので、あなたが知らないときに誰かがあなたの家に入ってくると、誰であれその人の第三の眼につながることです。彼らは、あなたの家にやってくる望ましくない訪問者に対して、あなたのイメージという視覚映像を送り出します。その人たちの第三の眼の領域の中にあなたの顔の映像を届け、衝撃を与えるのです。これはすべて私がこの植物で体験したことです。私がバリに住んでいたとき、私たちの家を掃除してくれていた人がよく尋ねたものです。「なぜ私はショックを受けたり、あなたの顔を見たりするんでしょう？」それで私は、ここでこれまで述べたのと同じことを説明しました。

Q 星を見つめる技法、「永遠の熟視」は、一度だけ行われるものですか、それとも繰り返すのでしょうか？　同様に、順番に見つめる実践に従うというのは、その一連の作業を最初から順番に繰り返していくということですか？

A 順序立てて最初から繰り返すというのは、よいアイデアです。「永遠の熟視」（五時の星が消えるところ）は、行う必要があるのは一度だけです。一度だけ行う必要がある、同様のフォローアップ技法があり、それは〈均等化〉と呼ばれます。一度、各象限のそれぞれに青を見つけたら、回転は時折、行う必要があるだけです。自分に自信をつける必要がある場合は、何度も最初から繰り返してください。ただし、すでに起こったことを強制しても、物事は迅速には生じません。一度、青を見つけたら、自然な流れがはじまるでしょう。

根気よくしてください。あなただけのタイミングに応じた形で展開していきます。すべての見つめる技法をひととおり完了した段階で生じるのは、眼がこれまでに見たことのなかった――より正確に言えば、それを見ていたということに気づかなかった、珍しい光の周波数に敏感になるということです。こうして、あなたの旅は本当に始まります。私自身、夜、庭を見つめると、あらゆるところから発せられるクモの巣のような光の繊維に心地よく対面します。これは、眼を見張る光景です。

Q

見つめる技法の最初のシリーズでは、まばたきについて述べられていません。見つめているあいだ、必要なときにまばたきしてもよいのでしょうか？　それとも、可能な限り、まばたきをしないほうがよいのでしょうか？　たとえば、まばたきせずにいられる時間を長くするといったようなことです。こうすると、眼がチカチカしたり、涙が出ることがあります。こういったことは、ある種の浄化になる望ましいプロセスなのでしょうか。

A 自然にしてください。凝視したら、必要なときにまばたきします。

Q 見つめるための完全に真っ黒なスペースをつくるのが難しいのがわかりました。自分のスタジオの壁全体を黒くできるのですが、それでも床はおぼろに光っていて薄暗いままです。それで約四平方メートルの暗い場所で植物を見つめる技法を行うことにしたのですが、視覚がその向こうのおぼろに光る周囲にまで広がります。同様に、背景として屋外を使う場合、新月のあいだだけ完全に真っ暗で、それ以外のときは、そこにあるものを見ることができます。もちろん、暗闇の中で見るのに眼が慣れるまでには相応の時間がかかります。見つめる技法の最大限の効果を引き出すのに、これでよいのでしょうか?

A それで問題ありません。眼がキャンドル以外の別な光源に直接接触しないように場所を設定するだけで十分です。あなたの視野周辺部で青を見つけることができればよいのです。これを妨げる何らかの反射面がある場合、それを黒い布で覆ってください。

Q

「ここで重要なのは、副星が消え去るとき、それ自身を所有し、蓄える右眼の能力の九十五％がシャットダウンされるのを自覚することです。こうして左眼が目覚め、われわれの前から消える各瞬間を永続的に反復する潜在能力が手に入ります」

シャットダウンされるのが右眼である理由について詳しく説明していただけますか？　それを論じる上で、記憶というのは関連しますか、または左右の脳の機能と関連するのでしょうか？

A

右眼の吸収率をシャットダウンすることと関係があり、明らかにこれは記憶として第三の眼の内的な風景に入り込む視覚映像とつながっています。その記憶は、そこに含まれる元の記憶と同じ特徴を持たない一連の夢の場面になります。見つめることと組み合わされる技法が、夜に眠りにつくときに自分に夢を見ないように命じるのは、これが理由です。そうして、第二の注意力、あるいは夢のリアリティの果てしない迷路である無機的な推進力をつくる元の渦のスピードを落とすのです。ここで紹介されているすべての技法を適用することで、戦士は内的な視覚イメージを永遠に対して差し出す能力を持ちます。こうして、永遠の導管となり、人類全般に真に役立つ者となります。これまで存在していたコントロールの全メカニズムを捨てることによって、それがなされるのです。機能不全のプログラミングの働きは、われわれが受け継いだ遺産の一部であり、それは新しい存在のあり方に戻される必要があります。これについてはこれまでの章で詳しく説明したとおりです。

Q

前に私は見る者にとっての子宮内の血液の役割について質問しました。しかし、私は一種の生物医学的な機能を見ておらず、意識あるいは現実の知覚においてある役割を果たす、血と血の中の磁気的な栄養の機能、およびそれと重力がどのように関連するのかを見ていました。私はかつてあなたが重力を光が電磁気的になる結果であり、これが認識されると今日の科学者が重力の本質を真に理解するかもしれないと述べたのを聞いたことがあります。心臓と意識との関連における血の磁気学的な側面について、詳しく説明してもらえないでしょうか。

A

星を見つめると、人は光のエネルギーを吸収します。見つめられた星のそれぞれは周波数を持ち、宇宙を旅して、通過する各象限を介して情報を集めます。星の光が私たちのところに辿り着くまでに、それぞれ十万光年も旅をすることも、これにかかわっています。星の光は、それを見つめる者のところに到着するまで、身体の経絡のように渦巻いているのです。この「気」が見る者に吸収されると、電磁気的になります。この生命電磁気エネルギーは、それから蓄積されはじめ、光の周波数は密度を増します。こうして、実践者は手の周辺に磁気を感じはじめ、やがて全存在を通してそれを感じるようになります。

光は二次的なものです。光は音からひとつにまとまったのですが、それでも音それ自体はひとつの周波数で、すべての区域からそれ自体に集まりました。光の周波数が密度を増すと、最も精妙なエーテル光から、惑星系の複雑さに至るまで、すべての形が現れはじめました。重要なのは、知力のレベルで吸収するものではなく、あなたが見たものから自覚する事柄です。それが、あなたが覆いをとりたいと望む現実を覗き込むことを可能にしてくれます。誰もがそうであるように、あなたの旅において、自分が欲し、自分が手にするものは、人生の道である意図の反映です。それがその人に真実をもたらし、それが宇宙全般、偉大なる煙った鏡（スモーキング・ミラー）と比べられる個人の力が最高潮に達するときです。

そして、はい、それは本当です。光の周波数が電磁気的に高密度になるとき、重力という現象が生じます。私は、これを事実として知っています。私が遠くから何かに焦点を当てたとき、私の手が念力（テレキネシス）でたまたまそれを動かすという出来事を数多く目撃したからです。それに触れることなく、私の身体のまわりにある物体を動かすこの密度は、その動いている物体という観点によって〈私のエネルギー・フィールドが把捉するのは重力である〉という現実をつくりだします。

□技法六：星を見つめる二

【光の繊維を見る】

この技法は、星でいっぱいの夜空が見られる澄みきった晩に行われます。この実践は、次の〈人々を見つめる〉の先駆けとなるものです。

地面に横になって、天空を見上げます。まず空全体を視野に入れましょう。リラックスして、ひとつの星を選び、それを凝視（ハード・ゲイズ）します。その星がまたたきはじめたら、その星から繊維がずっと遠くまで伸びているのを見るでしょう。視野周辺部にある星は動き始めます。それから、あなたの注意を引く次の星を見ます。

あなたは、星々のあいだをすばやく行きかう線に気づきはじめます。すばやいので、ほとんど知覚不可能です。この時点から、繊維そのものに視線を移動させ、その繊維があなたの注意力をどこに向けさせようとも、その繊維自体の動きに従うようにしてください。特定の星に焦点を当ててはいけません。

星から発せられている線に気づくにつれ、同様に人々から発せられている繊維にも気づきはじめます。

□技法七：人々を見つめる

あなたが誰かを眺めるとき、あなたは自分自身を眺めています。

この技法を行うには、多くの人が頻繁に訪れる場所、でしゃばらずに控えめに見つめることのできる場所を選んでください。

人々を見つめるときには、心臓に焦点を合わせます。これは、心臓に自分の意識を置き、その中心(センター)で生き生きとするエネルギーを感じることによって為されます。たとえ、おもな焦点が心臓に置かれているとしても、この中心化は第三の眼とクラウン・センターを同時に開きます。

あなたがひきつけられる微妙な差異(ニュアンス)や身振り(ジェスチャー)を観察します。あなたは、ただ単に眼と身体が気づくこと、その場にふさわしいことに注意を喚起されるのです。この見つめる技法を用いて自分自身を同時に観察し、人間の身振り(ジェスチャー)の中にある精妙さに気づきはじめます。そして、あなた自身の振る舞いの中にある不必要で、学習により獲得した習慣的な動きや身振りを根絶できるようになります。この種の見つめ方は活用可能な弾みがついてくるので、自分自身の中にある見る能力を開発するのに役立ちます。この技法を行うにつれ、見つめた人々に関する情報があなたのもとにやってきます。この見つめ方は気軽に行う必要があります。自分の注意力を対象に押しつけようとせずに、この実践からあなたのもとに映し返される精妙さに心を開くようにするのです。

おそらく何千年ものあいだ、見る者は無機(非有機)的なエネルギーを取り入れる目的で夢見をしてきました。彼らがそのエネルギーを必要としたのは、第二の注意力に達するためでした。「見ること」の進化には、〈この〉夢に対して目を覚ますために、夢を見ないように意図することが含まれます。そうして、無機的な影響力の誘惑によって、夢見の中で罠にかけられないようにするのです。この無機的な影響力とは、実際にはもともとのプログラミングの単なる反映でした。力のある夢見る者は、第二の注意力を通じて、その領域が人を夢中にさせる誘惑的なものであることを見出し、それが重大な罠であることを示したのです。

もちろん、見る者はときに夢を見ますが、新しい見る者たちが夢を見るとき、その意図および力を得ようとする気持ちが空であるために、彼らの夢は、起きている世界と関連するものであるか、または特別な意味を持つものになります。その違いは、新しい見る者たちの意図が、夢を通じて力を集めることに焦点を当てず、起きているときの夢に明確に焦点を当てているということです。あらゆる有機的な生き物は、みずからのもともとある無機的な本質ではちきれんばかりになっていて、それを外部に投影して、われわれが生きているこの現実をつくりだします。たとえその対象が一見生気のないように見えても、〈これ〉こそ、われわれが取り組む必要のあるものなのです。新しい見る者たちは、複数の注意力を統一するために、みずからの夢のエネルギーを、起きているときの夢と融合させています。今や見る者たちは、起きているときの構造物の中にある無機的なエネルギーを集めることができます。これは人々を見つめることで為され、そうすると彼らの無機的なフレア（ゆらめき）を取り入れるのです。このフレアとは、胸板に密封されていない無機的エッセンスを持つ人々から漏れ出すエネルギーの放出のことです。それは、社会領域での発散や身振りとして抜け出してくるのです。この点については、「永遠を取り入れ、すくいとる」（第五章）で、詳細に論じられます。

　繰り返しますが、人々を見つめるとき、精妙な光の線がその人たちのあいだに行きかっているのを見ます。最初、すぐにこれを知覚しなくても、あなたの眼は、ひとりの人間から別な人間へと移動しはじめます。この視覚現象が得られるのに必要な、それにふさわしい時間だけそこにとどまるようになるのです。

　いつもそうしていたように、あなたが気づくとき、この気づきがあなたの胸板、心臓のセンターの中に生じるとても精妙な圧力に注意を向けさせるのを意識しはじめます。この感覚にこだわらないでください。作用しているこの圧力に気づくと、弾みがついてきて、あなたは自分が観察したエネルギーを取り入れるのです。そして、このすべてを〈生涯にわたって〉行ってきたのだということを思い出してください。あなたは、自分の知っていることを見るのを忘れてしまっていただけなのです。

湧き起こる感覚について自分に話さないでください。ただそっとその状態を保ったままにしておきます。あなたが周辺を観察しているあいだ、ただその感覚を観察してください。そうすれば、自分が他の人と共にいるときにそれに気づくでしょう。そして、正しさを確かめようとすることなく観察します。この元の圧力は、あなたが自分の胸板の中に持っているエネルギーの中身をすくいとり、そしてその取り入れたエネルギーにより、あなたは自分の状況にふさわしい真実を語ることができます。

これは、待つ旅です。正しさを確かめようとしないでください。条件づけによるどんな社会の潮流にも落ち込まないようにしましょう。この喜びに満ちた圧力が形づくられるあいだ、根気よく待つのです。もしそれが喜びに満ちていなくても、その中に多くの知恵が含まれています。

事情に完全に通じていても、そこから離れていてください。慎重に進み、世界に軽く触れるのです。ふさわしいときに、内的にすくいとられたフレアがあなたの喉のセンターにやってきて、見ることと同時に、話すことが可能になります。これは旅であり、この旅はこの地点から先へとあなたが自分の道を歩むのを待っています。

人間の実体を見つめるとき、時間を同化吸収することにより、非直線的な視点に入り込んでいます。見つめている人の累積的な体験が極まったものを吸収するようになります。それが、情報を構成する要素としての彼らの意識を明らかにするのです。永遠と結びつく代わりに、社会的に縛られていることを見る能力を彼らが減少させているという示唆的な感覚を理解します。このタイプの見つめることにより、戦士は他者が避けることのできない形で持っている限界を察知します。その人たちが自分の認知システムの中に存在する枠組みを超えて見ることができないということを知るのです。これは最終的に見る者をまったくの不確かな状態に置きます。他者が束縛されているのを知ることで、みずからの前進による拡大もまた、たとえ自分が無限そのものを体験している場合でも、自身の個人的な限界に束縛されていることを認めるのです。

□技法八　：均等化——右眼のスイッチをオフにする

まず両方の植物のまわりで通常の回転を行い、青色を探します。回転は、三回で十分です。次に十二時から、ふたつの鉢の中心部に眼を向けます。それから、水平方向に左側の鉢の中心に眼を向けて、左側の鉢の真ん中を凝視(ハード・ゲイズ)します。右側の鉢は、三時十五分か三時半くらいの位置に降りてきます。

右側の鉢が視界からはずれたら、視線を右側の鉢に移動させ、それが均等化するのを観察します。均等化とは、それが視覚的に元の位置に戻ることです。ここでもう一度二鉢の植物の中心を見つめ、それから十二時の位置に戻って、もう三回、回転を続けます。右側の鉢がどこではずれるかに応じて、あなたが行う必要のある次の〈星を見つめる〉技法が示されます。たとえば、右側の鉢が三時十五分のところではずれるなら、三時十五分のところにぼんやりとした副星がある主星を見つけなければなりません。その副星が消えるまで主星を凝視し続けるのです。こうして、この技法は完了します。

この技法を行う必要があるのは一度だけです。この技法を完了したら、あなたの呼吸を意識してください。鼻からゆっくりと息を吸います。肺を満たしたら、それを圧縮してそっと下腹部に下ろします。

息を吸います。三、四秒間、そのまま保ってください。次に息づかいが聞こえないくらいゆっくりと息を吐き出します。息を吐いたら、一秒だけその状態を保ち、再び同じことを繰り返します。

意識してほしいのは、この技法により戦士は、内部の対話と内部の映像イメージをとめることができるということです。息を吸うときに、部屋全体あるいはまわりの環境全体を意識してください。息を吸うとき、あなたをとりまく空気はあなたになります。

鼻で静かに息を吸い、穏やかに顔を持ち上げます。息を吐くときは、ほんの少し頭を下げます。

この繰り返しを、望むだけ何度も行います。この技法を行うことにより生じるのは、内部の対話のスイッチを切り、内部の映像イメージを抑えること以外に、心臓のセンターがあなたをとりまく膨大なエネルギーを吸い込むということです。この際の副産物は、快適さと喜びの気持ちが湧き上がってくることです。

思考を呼吸に向けてください。眼を穏やかに閉じているあいだ、耳を環境に集中してくださ い。あなたの内なる眼の重さを取り払い、まわりの世界を呼吸し、それに耳を傾けるのです。

この技法は、心臓のセンターに関連するすべての技法と一緒に行われます。あなたが誰かの前にいるとき、これと同じ呼吸技法を用いて、心臓のセンターを意識すると同時に、前にいる人物も意識していてください。永遠が通り抜ける導管になってください。その人に、そしてあなたの環境に役立ってください。身体の身振り（ジェスチャー）や言葉の調子（トーン）で正しさを確かめようとしないでください。必要に応じて完全に柔らかくなるか、あるいは堅くなってください。あなたの声を揺るぎないものにして、内から生じる真実を話しましょう。そしてもしその真実を話せないなら、あなたの中を通り過ぎるものに対して公平な目撃者となって観察するのです。

[均等化A]

[均等化B]

【スワスティカと、見る者の眼】

第三の眼の覚醒プロセスは、心臓が次元内で真のポテンシャルを発揮する度合いに応じて進行します。

第三の眼は、上部と下部の区画というふたつの部分を持つマトリックス上で回転します。下部は右眼の回転を表し、上部は左眼の回転を表します。ふたつの象徴（シンボル）を絡み合わせると、ひとつは時計まわりに、もうひとつは反時計回りに回転し、われわれが知覚する現実をつくりだします。心の眼の中で、すべての基点が直線的にも次元間的にも磁気的に結びついているのを想像してみてください。

ひとつの腕（アーム）がもうひとつの腕に達する際、それが中間地点までくるとき、元の位置の磁力は、次の到着地点（たとえば、基点）に移されます。このようにして、そのフラクタル化において次元間的である極（ポール）シフトがつくりだされます。これはすべての点で同時に生じ、こうしてそれらは、これから行くところ、およびそれまであったところすべてとつながります。この回転は普遍的に統合されているので、次元的にこれらの駐留場所の位置は常に知覚者の到達範囲の外にあります。

では、ホログラフィックな観点からこれを見てみましょう。スワスティカのイメージを視覚化します。基点は固定され、二次元であるように見えますが、実際には象徴（シンボル）自体が三次元ゾーンの中で中心軸上を回転しています。スワスティカの直角の腕（アーム）は、回転力の勢いに従い、中心マトリックスが回転しているのを示しています。これは視覚的に、ひとつの旗として描写可能で、その動きの方向をはっきりと示します。中心（ハブ）と周囲は常に反対に旋廻しています。ひとつは外側に向かって拡大し、もうひとつは内側に収縮しているのです。今度は、この形が球の中に含まれていて、その回転の外周が球をトレースしている様子を思い浮かべ、この三次元の球がその球面にわずかな隆起をつくっているのを想像します。これはある時点でその内部にその腕（アーム）が位置するところを示すものです。電磁気的な視点からすると、この腕は外側に向かって押し出されているのに対して、中心マトリックス自体は内側に引っ張られており、したがって拡大と収縮が同時に存在しています。

　このスワスティカのホログラフィックな表象は、その球の内部を完全に覆うべく増大します。内側の縁だけでなく、中心（ハブ）と外周のあいだの空間すべてを覆うのです。これらのディスクを、回転するコインが完全にその球の内部を占めるようなものだと想像してください。そこで生じている磁力の反発的な性質により、互いに相手を押しやることのできない正と負のエネルギー的な力が内部を占めているのです。こうして固定化という普遍的な優先事項が一時的に介入するまで、電磁的な融合を生じさせるマンダラ効果をつくりだします。

　局在化されたすべての場は、同時に他の球と次元間的に相互作用します。こうして宇宙は、この結びつきが即時的に行われている状態を次元的に現します。このシンボルが表す調和的なフラクタル化を通して、この現象が生じているのをまだ見たことのない人たちに適切なイメージをもたらすのです。スワスティカの腕（アーム）の端にある旗はまた、知覚者としてその場に立ち会えないわれわれの無能さを表します。一瞬、遅れをとるのが、われわれの状態です。常にわれわれから逃れるその瞬間を体験するのです。

こうして、われわれの知覚の謎が明らかにされます。固定した視点から、普遍的な注意力が戦士の眼に対して開かれるこの時点で、眼前にその液化が開示されるのを見ることができるようになります。第三の眼が調和的になると、人間の意識の自然な進行が次元間通路に流動的に釘づけされて、何かが流入するたびにそのすべてを反映します。流入とは、その反映によりわれわれ自身を見ようとしているわれわれのことです。その反映がわれわれに加わるのと同様に、それに加わるようにとわれわれを招いているのです。こうして知覚者の注意力を中和し、それを無効かつ空虚にして、起源のない起源に戻すのです。

存在する各生命体の中には、それ自身に対しての中心となる、あらゆる有情の存在（センシェント・ビーイング）を識別する地点があります。それでも、この識別可能な視点そのものが、次元内に存在する他のあらゆる存在の中心に同時にあります。フラクタル化により、時空を通じて複層化するという外観があるにもかかわらず、われわれはひとつです。これをホログラフィックな球の外観上の個別的な描写だと想像してください。ここでわれわれはマンダラ効果の例を見ます。その効果が知覚の泡の螺旋回転するマトリックスの中の一点に何十億もの知覚を一時的に固定しており、揺れ動く繊維（フィラメント）――精妙な光の周波数――である電磁気的な極性を通じて配置されています。その繊維が、現れた現実の次元マトリックスの中を動く完全なひとつの歯車として、フラクタル化された融合を介して補正され、再配置されて、マクロ宇宙的にもミクロ宇宙的にもカルマの解決を定めているのです。

これは個別かつ同時に知覚されるものの、それぞれの球の中でフラクタル化された変則が想像もつかないほど複雑であることを知ってください。そして、再びこの球を超えたところでも、何十億もの巨大な数の多元的宇宙が同時に収縮・拡大しており、知覚者がその知覚を変更させる能力に応じて、そこに入り込むことが可能になります。それでいて、この想像もつかないような複層化の中でも、われわれは統一されており、永遠にひとつです。ある者は外側に向かって進みたいと思うでしょうし、別な者は内側に向かって旅をしたいと思うでしょう。すべての存在がそこでその複雑な起源を認めて知る、ひとつの点があることを知ってください。

[スワスティカと、見る者の眼]

Q マンダラ効果とは何ですか？

A マンダラ効果とは、対応する光の周波数を引きつける正と負の電磁気的な極性のことで、それがこのように創造される構造物の現実に対する意識をもたらします。多様な光の周波数の流入が最高潮に達すると、多くの者に同時に目撃される一時的な均質化に対する注意力によって、その現実が正当なものとなるのです。

この現実の中では、その球自体のホログラフィック映像の中に見られるように、直線的にも次元間的にも多種多様な相互作用があります。見る者には、実際にひとつの選択肢が残されているだけです。すなわち、見て、自覚し、解き放つことです。そうしないと、永久ループがあります。つまり、見る者の知覚だけでなく、みずからの意図に従う人々の知覚を教化し、それを勝手に奪い取る意識の道です。チベットのマンダラは、われわれが皆、意識のさまざまなレベルで体験する固有の多様性の有機的な例です。

□技法九　：第三の眼を覚醒させる瞑想

この瞑想技法は、次の〈上昇と下降〉という植物を見つめる技法の前に学ぶと有益です。目覚まし時計を朝の二時にセットします。目覚ましが鳴ったら、夜明けまでに自分を完全に覚醒させる何かをやります。太陽が昇ってきたら、まぶたを閉じて太陽を見つめます。これができたら、いつもどおりに朝を迎えます。朝食を用意してください。食事がすんだら、心地よい椅子に座ってください。見つけられる範囲で、いちばんよいチベットの詠唱のＣＤを買いましょう。デビッド・ハイクスでもかまいません。

睡眠不足のせいで、体が眠りたがっています。ここで活性化させているのは、その中に含まれる色を感じとる第三の眼の能力です。あなたの内部の対話は、身体を覆う無気力の結果、自動的にスイッチが切られます。

耳に注意力のすべての焦点を向けて、音に慎重に耳を傾け、閉じたまぶたの向こうにある果てしなく真っ暗であるように見えるところに眼を向けながら、第三の眼の部位にしっかりと焦点を合わせます。いくつかの色がまぶたの内側で渦をまいたら、それを映像イメージに変えないようにしてください。それらを通して見つめ、あなたを呑み込むその広がりを手に入れます。その色自体が永遠を超えて広がるかのようになります。

静かに座って、睡眠があなたを包み込むのを待ちます。しかし、うとうとしないで、意識を保ったままでいてください。このような状態を少なくとも一時間保ちます。そして、十分によく眠ったかのように、通常の一日を過ごします。あなたの身体は、あなた自身がすっかり浸っていた意識を保持するでしょう。この夢のような状態から、すべてを観察します。そしてここに、第三の注意力、見る者の神秘的な世界が現れるのを見出すでしょう。

□技法十　：上昇と下降

二鉢の植物でやるのと同じようにして、見つめることをはじめます。十二時からはじめて、時計回りの回転を三回行い、青色を見つけます。一度これが完了したら、あなたの眼の〈上昇と下降〉の準備が整います。

これらの三回転が終了したら、十二時の位置でとまり、そこから二鉢の植物の中心に焦点を向けます。白いクモの巣状の繊維が現れるまで、この中心をしっかり見つめます。一度この異常な出来事が生じたら、直接、十二時の位置に上昇します。可能なかぎり最も高い十二時の視点に移動する必要があるかもしれません（たとえば、視野周辺部内の植物の姿を見失わずに見ることができる上限まで）。植物に対する視野周辺部を見つけます。それは、六時の視点になります。ここでは、青色を見つけようとしてはいません。この時点で視野周辺部の下部に植物が見られるでしょう。しばらくすると、植物は縮んだり、横に伸びたり、下降する形で現れるでしょう。植物が下降したら、そのとき生じる身体感覚に注意してください。この時点で植物は、あなたのために永遠を引き込んで、永遠がそれらの植物たちとあなたを同時にあふれさせるようにしています。しばらく待って、それから電光石火の速さで六時の位置に眼を向けます。可能なかぎり、最も深い六時の視点に向かう必要があるかもしれません。しばらくすると、植物が上に向かって伸び、天井に到達しはじめるのを知覚します。ここで植物は、上昇という形で、あなたのために介在しています。眼が下方を見つめているとき、植物が上昇しているのを感じてください。満足するまでこのプロセスを繰り返します。視覚異常が生じて、その体験に対してあなたの身体に注意が喚起されるまで続けます。

[上昇と下降]

上昇と下降は、世界中のさまざまな霊的な実践に見ることができます。それは、われわれの注意力が永遠に対して「与えられる」ないしは差し出される方法を具現化しています。つまり広く誤解されてきた、注意力が真の祈りの中で天に達する方法です。われわれは、頭を下げておじきをすると、自分の意図が内側に向かうと信じさせられてきました。真実は逆です。頭を下げるとき、注意力は上昇します。これが、内的沈黙の中でわれわれの意思がみずからを落ち着かせる地点です。沈黙が増すにつれ、われわれの意思の機能が内的沈黙と一緒になります。

永遠は、われわれが望むものではなく、必要とするものを承認します。

人が自分の頭を上げるとき、内的沈黙それ自体が永遠の下降と一緒になり、人の真の意図の決定要因をとりあげ、成長に必要な体験を提供します。頭を上げることは実際には、おじぎをするよりも大きな意義があります。それは、おじきをするのと同じくらいの空虚さでなされなければなりません。

人は、自分の心臓の中で、何が解決される必要があるのかに関する本当の真実を知っています。それは、ほとんどの人がそれに応じて行動する仕方を忘れてしまった体感です。それが、最大の成長をつくりだす決定要因に状況を同調させるのです。これは個人個人にとって明らかにさまざまな方法で現れます。われわれ皆を縛っているのは、共伝導力（communal conductivity）です。ここをわれわれは横断しようとして、自分の行動につまづきます。皆、全体を強化する最高善(the greater good)にみずからを委ねなければならないことを自覚するまで、それが続くのです。こうして、永遠の手招きに無欠性で〔非の打ちどころなく〕応答する者を豊かにします。

眼が下に向けられ、まぶたが完全に閉じられるとき、人の〈見ること〉は第三の眼に位置づけられます。そのとき第三の眼は内側で見上げていて、みずからを永遠に対して開きます。われわれの眼が下を見ると、第三の眼は見上げ、われわれの眼が見上げると、第三の眼は下を見ます。これは第三の眼の視点の機能を説明する単純な方法に見えるかもしれませんが、あなたにひとつの要素を理解させてくれるでしょう。それは、それらが反対であるという観点における上昇と下降のプロセスです。

第三の眼の上部と下部の区画は、時計の表面の下半分と上半分のようなものです。第三の眼の下半分全体は、世界全般として見られる光景、つまりわれわれの日常における視覚的な知覚を構成しています。これに対して上部の区画は、それが内部的に、あるいは外部的に表現されるかにかかわらず、見る者が自分の人生の道筋を通じて獲得するイメージを構成しています。

眼を半分閉じることによって戦士は上昇し、見直しのために情報の流入を観察する上で、みずからの存在に圧力をかけるものを注意深く見ます。どんな予想や期待もなしに、またどんな形の正しさも確かめようとせずに感情を反復することで、かけられていた圧力が見直されるべく永遠へと送られて、戦士をもともと縛りつけていたものを空っぽにして、縛りつけていた者に返します。視線をゆっくりと持ち上げることは、戦士の身体意識の中で待機している空虚へ再び下降してくるようにと永遠を招き寄せます。すると戦士は変容し、把握することも予想することもできない非個人的な伝達状態に入り込むのです。

これが真の祈りであり、真の甘受です。

この種の瞑想的な反復は、この本にある見つめる技法を通じて訓練されます。下降と上昇という面での六時と十二時の視点を採用する〈植物を見つめる〉技法すべてによってです。戦士たちが下方を見つめるとき、その空っぽの意図は永遠へと向かいます。十二時の視点のほうを見つめるとき、永遠は下降します。この技法の最も重要な側面は、戦士が状況から耐え難い圧力を受けたとき、彼らはその中に含まれる感情（フィーリング）を伴った形で内側にイメージを見るということです。偏見なくこの圧力を観察することで、何の結果も求めることなく、やってきたものをただ目撃します。下方を見つめるとき、頭を前方に向かってやや曲げると、この圧力は永遠に向かって送られて浄化されますが、それは理解不可能な空っぽの拡張性によって目撃されます。こうして永遠自体が戦士からの圧力を取り上げて、彼らの代わりにそれを見直すのです。そして、戦士が十二時の視点に向けて頭を上に向け、ほんの少しあごを上げると、永遠が戦士に下降して戻ってきて、澄みきった空っぽの意思を必要とするものだけをもたらします。

この技法を実践しているあいだ、呼吸を意識してください。ゆっくり息を吸うことで、自分を維持している内側と外側の流れを聞くことができないようにします。これが真の反復です、すなわち、継続的にわれわれから逃れるこの瞬間の即時の見直しです。

個人的に上昇したり下降したりするわれわれの能力は、何千年にもわたって広範に操られてきました。このプロセスの内的な働きに関する知識は、ほとんど知られていませんでしたが、今やそれを求める人たちに手に入るようになります。

このシナリオを視覚化してください。あなたが他者の意志に従うのを余儀なくされるとき、あなたの眼と頭は従順にほんの少しおじぎをします。これが生じると、あなたの意志そのもの、すなわち意思が主導者によって遮られます。つまり、彼らがあなたを見下すという事実によって遮られるのです。この支配層の高められた視点から、彼らはあなたの上昇を引き出し、介入して、あなたの代わりに上昇するのです。たとえ服従した個人が澄みきっていて謙虚であっても、永遠に対するみずからの権利が支配的な当事者によって横断されるのを許したという事実は、主導者の意志と欲望が優位に立つという意味です。誰もが非常に注意深くならなくてはいけません。

たとえば、ダライ・ラマのインタビューで注目すべき点がありました（リック・レイ著『ダライ・ラマに対する十の質問』）。ここで彼は、傷ついた動物のように撤退したい、ひとりで避難したいと言いました。毛沢東の意図が、彼（ダライ・ラマ）および全チベット人の人生に対して絶対的に優位になったのです。毛沢東の力が彼を征服したのではありません。中国の集合的な意識が、上昇してみずからの主権の中で自由になるという彼の能力を抑え込んだのです。このようにして彼の解放と救出が生じたのです。彼が完全に敗北したと言っているわけではありません。この権力の乱用が（世界の）数十億人の人の眼をチベットの窮状に対して開かせた多くの例もありました。干渉されたのは、ダライ・ラマの個人的な地位や信望でしたが、これは彼に衝撃を与えただけでなく、この不正行為に触れた私の存在や他のすべての人にも確かに衝撃を与えたのです。

われわれがこの種の堕落をその無数の現れの形において認めることは重要です。自身の状況の中のコントロール要因のありかを個人的かつ集合的に把握するのは、われわれにかかっています。そして、その結びつき**により、強制的に適用されている圧迫を発見し、追跡しましょう。それが有情の存在であるわれわれの進化の過程そのものを待ち伏せているのです。

あなたはこの例を通して、上昇が、主導者によってなされているコントロールのレベルに制限されるのを知ることができます。これが生じると、支配要因の言いつけが意図的に伝達され、受け手自身の欲望となって受け手に強制されるのです。受け手はまさにこの服従を通じて、自身の人生を統御する自分の自然な能力よりも、他者の意志のほうが優位にあるのだと信じるようにプログラムされます。このようにして、その伝達を誤った方向に導く圧迫により、永遠の広がりは否定されるのです。上昇と下降、あるいは祈りの行為は、非常に多くの方法で操（あやつ）られてしまうことがあります。たとえば、本当は必要でないものを欲しいと信じるようにプログラムされるのです。一度この技法を学ぶと、個人の主権が戻ってきて、多くの人たちがこの原則を理解するなら、世界の状況は変わりはじめるでしょう。

あなたを縛りつけようとしているものに、縛りつけられないようにしつつも、それに役立つようにしてください。これはあまりにも矛盾し相反しているので、あなたは見ることにより自分の道を見出さなければならないでしょう。これに基づいて、どう行動するかまでは指図されてはなりません。

実践しはじめるにつれ、あなたの眼は見はじめます。絶対的な確信を持って、自分が誰か、

＊＊　訳注：connectivity この場合、自分の状況の中に置かれ、それと結びついたコントロール要因のことと思われる。

自分が直面しているのが何かをあなたは知りはじめます。しっかり立って、あなたの前にあるものを目撃してください。集合的にわれわれは自分たちの中にある、譲り渡すことのできない真実を表現するみずからの主権をあきらめてはなりません。そうして、ゆっくりではあるものの確実に、どんな状況であれ、明らかに正しくないものに対してはっきりとノーと言いはじめる地点に意識を引き上げましょう。

あなたは知るでしょうし、みずからの真実を歩くことでしょう。そうすることにより、他の人たちがあなたの道を混乱させようとして用いる口実を許しません。あなたは、われわれ皆がこの瞬間にいるまさにその位置に向かって最高潮に達する身振り（ジェスチャー）を見るでしょう。あなたの権利を主張しつつ、正しさを確かめようとせずに、前進的な未来に向かっての参加によって沈黙の動きのなすことを知りましょう。その沈黙の動きが、正しくないことにあなたを縛りつけている鎖をはずし、大きな可能性を開くのです。

植物を見つめる技法と、植物の〈上昇と下降〉に慣れた後に、技法十一を行ってもよいでしょう。〈上昇と下降の原則を用いる瞑想〉です。

□技法十一：上昇と下降の原則を用いる瞑想

この瞑想は、十二時の位置で植物の下降がはじまる〈上昇と下降〉の技法の後に続きます。植物が下降するにつれ、あなたは永遠からのエネルギー、光源と影からのエネルギーを受け取ります。最初、あなたはこれを見せてくれる植物に依存しています。しかし、この瞑想は実践を具現化し、植物からの独立を可能にします。当初、植物が必要ですが、瞑想を通じてそれらの植物からの独立を宣言するのです。この時点で、あなたは、光と影の中の永遠からエネルギーを受け取るようになります。影は、悪いものではないことを覚えておいてください。影は光の繊維を含んでいるのです。この繊維なしに人は影を持つことができません。影は秘密を含んでいて、かつ植物の反映です。われわれがこれらの技法に従事した後、影は他の人が何を意図しているのかを教えてくれます。あなたの眼は、影の記憶を保持しているので、それをあなたの身体意識の中に再配置し、他の人たちの身振りの中に隠されているものを明らかにします。

われわれがある植物で作業するとき、その植物の種(しゅ)のひとつひとつすべてと作業します。なぜなら、すべての植物はひとつの源泉、ひとつの植物の教師を共有しているからです。同じことが鳥や他の動物たち、人々に対しても言えます。どんな種(しゅ)であれ、われわれはひとつの源泉を共有します。ですから、植物が下降すれば、われわれは、他のすべての植物につながっている電磁気エネルギーすべても引き込んでいるのです。このエネルギーは、光のエネルギー、星のエネルギーです。

植物が下降したら、六時の位置に眼を移動します。六時の位置を見ると、植物は上昇しはじめます。これが生じたら、すぐに眼を閉じて上昇をとめます。眼を閉じたままにして、下降の位置で（六時を見下ろして）、へその部分に注意力を向けます。眼を閉じることによって、あなたは植物からの独立を宣言しているのです。

眼を閉じているあいだ、植物の視覚的な痕跡をまだ見るでしょう。この内部イメージと、その植物の色を用いて――どんな色を見ているかは問題ではありません――あなたの見ているものをエネルギーの球に変えてください。これをへそから指三本分下に置いてください。この位置は「臍下丹田（chi hi）」と呼ばれ、下腹部の上蓋にあたります。眼は閉じたままにして、下方を見つめ、しばらくのあいだそのままでいます。

次に上昇する能力を転送します。上昇し、下降するのを植物に依存していたのを思い出してください。今度はそれを自分自身で行います。何をするのかというと、上昇する能力をあごに転送することです。これを行うには、眼を閉じて下方を見つめ、注意力をへその部分に向けているあいだに、あごを少し持ち上げて、これをしているときに光の球があなたの心臓のセンターに昇っていくのを見ます。このようにあごをわずかに動かすことによって、頭は中立的な位置に置かれ、眼は閉じたまま前方を見ています。

この位置から、首を少し伸ばし、頭をほんの少し前方に向けて、その球を眼の中央の部位に上昇させます。頭を静かに下方に傾けると、そのエネルギー球は第三の眼へ移動し、第三の眼の部位での、身体の内側または外側のどちらかにエネルギー球を見るでしょう。それからごくわずかに頭を後方に傾けて、その球を眼の中央からクラウンに持ち上げます。ちょうど椅子にまっすぐ座っていて、うとうとしはじめたときのような感じです。唐突ではあるものの、そのわずかな動きは、頭が後ろ向きにカクッと垂れ下がる直前に頭をつかまえるような感じで、球をクラウンの位置に投げるのです。エネルギー球がクラウンの位置にきたとき、頭のてっぺんで皿が回転するような感じになるのを観察してください。その後それは、睡蓮（スイレン）の花が夜に閉じるように、上方に折りたたまれ、天頂を指し示すおもり（測鉛）のように見えます。

今度は静かにして、内的沈黙の状態に入ります。この内的沈黙の状態を感じなくても心配せずに、必要ならば、もう一度、このプロセスをただ繰り返してください（この瞑想の技法を最初からはじめます）。その完全な静けさの中に吸収されるまで、繰り返すのです。

人によっては、この瞑想を行うと、すぐに沈黙に入るでしょう。こうならなくても、一向にかまいません。毎日、われわれのエネルギーは異なっています。この静けさに至るまで、技法をただ繰り返してください。こうすることで植物に頼らずに〈上昇と下降〉の技法を用いることができます。もちろん植物をもう一度見つめて、あなたと植物が互いをよく知るようにしてもかまいません。ディフェンバキアは守護者(プロテクター)であり、彼らがあなたを知るようになると、あなたを守るでしょう。しかし、すべての技法について言えることですが、固定化から自由でいることが重要です。あなたのエネルギーが、内部的な罠にはまることなく流動的であるようにしてください。

第五章　永遠を取り入れ、すくいとる

〈人々を見つめる〉に没頭すると、気づきはじめることがあります。すぐにそれを見たり、知ることがなくてもです。それは、われわれが皆、光のより糸で密接につながっているということです。

見る能力が増大するにつれて、身振りがフレア（ゆらめき）のように発せられているのに気づくようになります。これらのフレアには情報が含まれています。それは、ろうそくの炎を見たときと、よく似ています。直接ろうそくの炎を見て、それからどこか他の場所を見ようとしてそこから視線を移すときのような感じです。視覚的な痕跡、すなわち残像が残るのです。しかし、これは「見ること」が眼にどのように現れるのかの説明にすぎません。人が見て、フレアに気づくとき、その中に埋め込まれている奪うことのできない本質的な真実は、見る者に情報の隠し場所（キャッシュ）として吸収されます。つまり見る者は、その描き出された情報を非常に正確に推論するように導かれるのです。この情報が眼で受けとられると、それは胸板に取り入れられ、吸収されます。胸板とは、心臓のセンターである回転する盾(シールド)です。この情報が流入して個人の存在の核に達すると、フレアの相互作用的な側面が見る者の力と組み合わせられて、適切な量の情報がその人にもたらされ、語られるか、もしくは言葉なしに行動に移されます。これは、見る者が現前する状況を通じてみずからの道の進路を決める際の手段になります。

多くの言葉が話されますが、それは本来、そこを歩くはずのものでした。** 戦士は、試行錯誤を通じて学びます。すなわち、話をした自己は、何が永遠のお墨付きを得る個人的な介入を必要とさせるのかを見る第三の眼と誤って同調したのです。われわれは、やってくる者たちがその結果をもたらしても、それが自分の道とは関連がないことを認識するようにしなければなりません。

もし見る者がフレアの姿を見ないのであれば、精妙なニュアンスによって警告されるでしょう。それは、口調や何らかの含みを持つシンタックス的な応答の形をとってやってくる場合もあり、聴く行為によってその正体が明らかにされる主要な動機を示すものです。非言語的な情報も流入してきて、ごくわずかな身振りに含まれているものを身体意識にさらに教えるのです。それは、その主導者に知られずに前方に跳んできて、そうすることで戦士を永続的な戦争状態に導き入れますが、戦士自身はみずからと調和しています。心が干渉しなければ、人は、不可知でも伝達が可能な事柄の真の導管なのです。

人が社会的なパラメーターの中から知覚するか、それともその人が見る者であるかにかかわらず、どちらの場合でも取り入れが行われています。その意識が社会的に規定されている者は、永遠をすくいとってはいませんが、これ以上、何も見るものはないということが正しく、かつそれを知る必要を強化する規定的な潮流を取り入れています。みずからが満たされた器（カップ）であるという事実により、こうして永遠の流入を無視しているのです。満たされた器は継続的に漏れ出していますが、それを維持する絶え間なく繰り返されるループで補充されています。左眼の反時計回りの回転を活性化すると、それが変わります。ここにある構造物と同じくらい複雑ですが、唯一妥当な真実は、われわれが死の途上にある存在だということです。われわれは、生命そのものによって働きかけられて、ここにいます。その生命の働きをどのように知覚するかに応じて、われわれは自分の横断する道を定義するのです。

すでに説明したように、右眼は時計回りに回転します。この本の技法を使うことによって、右眼の時計回りの回転を減少させ、左眼の反時計回りの回転を増大させます。社会的な条件づけと、この潮流をとりまく要請により、右眼の回転が増加するように常習的に影響をおよぼされています。こうして、われわれがその中に生まれている時間に関連したすべての

＊＊ 訳注：この言葉の意味は、本書229ページの「物言わずに――見る者によって話される言葉上を歩みながら」の一文で、より明らかになる。

視覚的なイメージを保持し、支配しているのです。この衝撃は、首尾一貫して機能する第三の眼の能力を減少させます。ベールを越えて横断する人の能力を、虚偽のイメージが流入して圧倒するという事実によってです。ベールとは、その意識を保ち続ける社会的に決定された帯域幅を持つ情報のことです。

このようにして取り入れられる視覚イメージの副次的な機能は、今度はそれが一連の夢見に転送されるということです。つまり、第一の注意力あるいは起きているときの世界の中で得られた出来事の解放によって心理的なプレッシャーを解決すると言われている夢のことです。しかし、残念ながら、そうなってはいません。この種の夢見は、感情的に深く埋め込まれた力動を示しています。つまり、夢の情景を通じて元の欲望を強めることにより、それ自体を強化する命令です。平行して、これは自分の夢が私的(プライベート)なものであるという錯覚を与え、起きている人の内部の対話を拡大し、これもまた秘密で見られてはいけないものだという妄想をもたらします。これは実際には真実とほど遠いのです。

左眼が反時計回りに回転すると、この回転が人を永続的な反復状態に導きます。これが意味するのは、それが生じると、人がその時点で自分が死を免れ得ない存在であるのを深く感じとるということです。永続的にこの状態にいるとは、継続的に自分から逃れているこの生きた瞬間に対する、みずからの行動の衝撃に常に気づいているということです。左眼の回転は、人が自分の道を進むにつれて増大し、最終的には第三の眼とクラウンの中心マトリックスを開きます。この情報の流入は、戦士に外部的なことをある程度、知らせます。そうすると、戦士たちはそれまでよりももっと効果的に衝撃を受けます。取り入れた知覚は、身体に知（知ること）としてやってきます。見られるものは、社会環境によって汚染されていません。取り入れたものは、永遠から直接すくいとられたもので、吸収されると、話される真実に変容するか、もしくはその人の身体意識の中に収められます。これが取り入れた知覚をすくいとることです。

左眼が普通よりも速く回転している人に会うことはできても、その人にはまったくアクセス不可能です。彼らは世界を右眼で見て、受け入れたイメージを外部に押し出し、左眼ですぐにその埋め合わせをします。こうして戦士は常に受け入れの状態にあると同時に、伝達状態の中に浸るのです。ただ知る人だけがこうしたことが起こっているのを見るでしょう。あなたが観察する放射から、あなたは正確に見る必要のあるものだけを手に入れます。こうして、その場に居合わせる元の身体意識をさらに詳述します。ここでは、それが何であるかにこだわろうとしない者の掌握力から継続的に逃れる、居合わせたその時点以上のものは何も予想しません。

われわれが自分の道を進むにつれて、不可避的にわれわれの眼は最大の衝撃をもたらす瞬間を識別します。これは、われわれの前もって定められた運命が最高潮に達してぶつかるときです。通常の状況では、この一時的なやりとりは、個人の道あるいはカルマとなる情報の流入と呼びうる出来事に向かって最高潮に達する、欠くことのできない結束的な緊張をつくりだすでしょう。それはカルマではなく、われわれが今、焦点を当てる反応地点です。その考えそれ自体でさえも維持可能な遅滞をつくりだすカルマという言葉が呼び起こす前提の中ではすべてが失われてしまいます。それによって何らかの想定をしようとする勢いをもたらす、予想の舞台を設定するのです。想定はわれわれを自分が進みたいと欲するところに導くため、見る必要のあること、真の見ることに必要なものには至りません。後者は、導かれるのではなく、達することができるだけです。

見る者としてのわれわれの能力は、目の前でとても静かに散る花びらのようなものです。だから、われわれは花が完全に現れるのを待ちます。たとえ〈取り入れ〉や〈すくいとり〉が比較的シンプルであるように思えても、それが実際に行われるときは、まったくそうではありません。私はこれらの言葉を綴っているあいだに息を吸います。私の心臓のセンターの中の〈見ること〉は、長年にわたって取り入れられてきましたが、息を吸うと私を待ち受けているものがすでに予見されていたのをはっきりと認識します。これが隅々までを見渡す第三の眼の能力です。それは互いに絡み合った私の運命とあなたの運命です。私が自分の息を吸い込むと、私が最終的に知覚するであろうものの断片からの感覚を取り入れます。私は自分の将来の歩みを示す音に耳を傾け、まだ見たことのないものを見るように私を導く永遠の圧力を感じます。

社会化された環境の中に存在する頑強な不活性網の下にある通常の状況で、次のことを理解するのが極めて重要です。すなわち、この状況が、それ自体を現すエネルギー的な流入でわれわれの眼を縛りつけるように要求していることです。そのエネルギー的な流入は、人々を封じ込める眼に見えない包み込みに気づくという実践をしない人たちによっては見られたことのない見通し（パースペクティブ）を持っているのです。ここで、小さな光の帯が眼を固定したままにしようとして――予想によって――その眼を誤って回転させようと圧迫します。社会に準拠した表現を通じて、その潮流そのものの中で世界を静止状態に保つ意図的な行為だけに関連する観念形態、すなわち〈とらわれ〉によってそうするのです。そうやって、その果てしなさを「われわれの世界」である予想の限界範囲に不可避的に縛りつける、制限された境界の中に世界を固体化します。われわれはまさに今この瞬間に、そこから離れる必要があるのです。

見る者がみずからを永遠の手に届くところに完全に置くことによって、社会環境に動じない〈近づきがたさ〉を開発すると、右眼の回転が大幅にゆっくりとしたものになり、左眼が継続的に反復しはじめて、見る者が情報にアクセスすることが可能になり、記憶を変更します。見る者が永遠の流入を取り入れるとき、彼らは電磁気的な後押し（ブースト）を得ます。それは、エネルギーを盗むことによるものではなく、第三の眼がすでに未来を横断してしまっているためです。その現象が目撃された瞬間、これが第三の眼の能力を覚醒させて、それがすでに見たものを思い出すのです。こうして戦士は、他者から情報の単位としてやってくる自分自身を待つのです。その情報は、生きられた人生をすでに横断してしまったという第三の眼の能力の連結的な側面を通る、見る者の道に関連します。たとえ、その人生が無機的な情報の単位を吸収する位置に有機的に達する前であってもです。無機的な情報の単位とは、魂にすでにそこにきたことがあることを思い出させ、永遠の親交（コミュニオン）としてやってくるそれ自体を目撃する意識との関連性を持つものです。

われわれは、われわれが見るものです。

Q　まちがってすくいとると、その結果はどうなるのですか？

A　永遠をすくいとる能力を失うと、あなたが取り入れるのは、社会的な特権です。これは前もってプログラムされたパラメーターにより定義された、手順の定まった筋書きどおりの知的なプロセスになり、あなたはもはや真の心臓の視点からは目撃しなくなります。

Q　あなたが存在の別なあり方として示していることを理解しはじめています。それを他の方法で定義してもらえませんか？

A　永遠は、あなたが目撃するもの、その無機的な本質を通じて取り入れられます。たとえ、それが有機的なプロセスによって手に入るとしてもそうです。永遠をすくいとるプロセスは、感覚（フィーリング）を通して有機的な現実を取り入れることです。この感覚は、それからそれ自体を無機的なプロセスを通じて移送します。それは、見る者が、フレアとなっている無機的な振動標識（シグナチャー）に気づくことによる、とても精妙な現象を目撃する能力です。一度この振動力が心臓のセンターによって見られると、心臓は見られているものの記憶を通してすくいとります。それが話されない場合は、目撃され、そして見る者の明澄さが、次に行動するか、しないかを決定します。見る者の身体意識という媒体を通して、常に眼そのものが見るコード化された情報を解読するのです。

われわれはいつも有機的なエネルギーと無機的なエネルギーを同化吸収する二重のプロセスの中にあります。何かが異なった周波数で振動するという事実が意味するのは、それがたとえ物理的でも、われわれはその標識をエネルギー的なレベルで受け取るということです。初めに、われわれはただ物理的に入手可能な振動周波数だけを認識します。われわれが受けとめる現実であるホログラム映像を通じてそうするのです。にもかかわらず、意識的な同意により、われわれは真の神秘として目撃したことを認識しないようにしたのです。それは、それぞれの語族*に帰属すると分類されたひとつの現実です。その現実は、最終的に理性の視点から識別され、その存在の背後にある真の本質であるエネルギー的な情報単位を見過ごしてしまうのです。

見る者がただ漠然と眺めるのではなく、見るものすべてを見つめるようになるのは、こうした理由によります。

Q　非関与（関与しないこと）を実践しながら、観察しているものの無機的な本質を吸収しているとき、どうやって自分自身を状況に対して開くのですか？

A　見る者であるか否かにかかわらず、誰もが無機的な流入を利用可能です。それはただ単に、その流入に対して何をするかによります。進み方に注意してください。あなたの追い求めるものが、逆にあなたを追い求めるようになってしまうかもしれません。静かな不屈の精神を持ち、気を楽にして非常に慎重に見るのです。自分自身の一部をつけ加えずに、不可知のものが何かはっきりしたことを起こさずに、それ自体を明らかにするようにします。見る者の有利な点は、正しさを確かめないことです。見つめる技法の結果、この必要がオフになっています。その後に起こる初期の麻痺感は、見る者がそれまで「自然状態」として彼らの中にプログラムされていた最初の主たる動機を駆り立てるアヘンのようなもの**にもはや支配されなくなったからです。見る者は正しさを確かめる必要に駆り立てられなくなっており、自分の地位や立場を確固た

＊　訳注：語族 phylum　生物分類上の一階級である「界」の下の階級で「門」と訳されるのが一般的だが、言語学では「語族」と訳されるので、後者の訳に従った。

＊＊　訳注：神経を麻痺させる働きを持つもの

るものにする上で社会的に必要な承認をもはや欲しがりません。たとえ、見た場面の自覚によって意識が活性化され、その見たものが肯定的だとしてもそうなのです。

Q われわれの不可避性、逃れられない定めに焦点を当てることが、なぜ大切なのか、説明してもらえますか?

A 死は、われわれの時が終わったことを明らかにする時点です。ここでわれわれは、自分の人生の視覚イメージに直面します。この時点を越えて旅する前に、われわれは自分が過去どのようだったか、そしてどのようにことに当たったかへともう一度戻って行きます。これは、われわれが第三の注意力に入り込む瞬間です。DMTの蓄積された第三の眼の能力を使って、これまで生きていた夢を横断するのです。

Q 私の死が私に直面しているかどうかをどうやって知るのですか?

A　あなたは人生の発着所で謙虚になるでしょう。どんなものであれ、決して当たり前だとは受けとらなくなります。その時その時がやってくるのを根気よく待ち、それから直面する状況にふさわしい形でことに当たります。

Q　どうしたら死を特別な要素としてとらえられるのでしょう、そのとらえどころのない異例の事態からアドバイスを受けるにはどうしたらよいですか？

A　私は、今この質問に答えたところですが、さらに詳しく説明してみます。人がその不可避性、逃れられない定めから純粋にアドバイスを受けるとき、その人はひとつのイメージとして、自分の生活状況の中で最も適切な瞬間がやってくるのを待つでしょう。あるいは見る者に、粘性はあっても形のないものとして現れる透明な物質に付き添われるでしょう。この物質はこれまでスピリットと呼ばれてきましたが、それは戦士の個人の力に付き添う真の伝達です。それは、戦士の意志とは独立して働きますが、それでいて戦士の意志と親密に結びついています。

Q　私の知覚が自分のプログラミングによって影響を受けているのか、それとも私が見ているのかどうかを、どうしたら知ることができるのでしょう？

A　生きている実体としてのわれわれが意のままにできる最も魔法的な手立ては、それ自体を現すものを見るという可能性です。つまり、それがやってくる際の複雑さの中で次元的にベールに覆われている無数の顕現を見ることです。残念なことに、われわれの眼は、固定性によって完全に捕獲される形で現実を把握するように再プログラム可能です。そうやってその魔法的な能力――次元内で見る能力――をわきにおいて、心臓の第三の眼との主たる結びつきを抑え込んでしまいます。われわれの現在のプログラミングの中には、視野を曖昧にする一粒の砂がある可能性が常にあります。慎重に進んでください。

最終的に、われわれは自分の行いの総計であり、
死の瞬間に、これらの行いに直面する。
それとも、われわれが生きているあらゆる瞬間の中にある死が、
われわれの行うことに直面しているのだろうか?

第六章　技法、シリーズⅡ：高度な見つめ方

以下の技法はさまざまな目的を持ちますが、自分の判断で実践してよいものです。いくつかは癒しの技法であり、またいくつかは保護のためのものであり、他は強化のためのものです。第三の眼を適切に使用するには、見る者は何の思惑もなく、澄みきっていて空虚である必要があります。見つめることは最終的にわれわれのもともとの存在状態、すなわちわれわれの永遠との結びつきです。そして、それはわれわれの心臓が第三の眼と共に作業し、その都度やってくるそれぞれの瞬間に応じて行為を適切に導けるようにするものです。

このセクションでは、前後関係の形式にあまりこだわっていませんし、技法自体もそうです。いつ実践してもよいし、特別な順序もありません。月の技法は、もちろん満月のときでないとできません。満月（あるいは満月の一～二日前後）でないときには、この上昇の実践が他の種類の意思と、その否定的な意識を引き寄せてしまう場合があるので、望ましくありません。植物の上昇と下降の技法は、月の形にかかわらず行うことができます。

□技法十二　：ゲートウェイ

ゲートウェイの技法は、解決できない人生の諸問題があるとき、とても特別な役割を果たします。この技法は、夢見の意識の純粋な魔術を用いて、耐えられない状況を見事に変えます。夢見の中で与えられる贈り物により、日常世界の問題を解決するのです。

この技法はかなり簡単です。植物を外あるいは窓辺に置き、星が夜空の十時あるいは十一時あたりの視点にくるようにします。したがって植物は、その星との関連で、四時から五時あたりの右眼の視点に位置しなければなりません。植物を見つめる全技法と同様、同じ回転の手続きを行います。

植物になじんでください。ろうそくから発せられる影と光を見つめます。眼が引きつけられるものに、焦点を合わせます。引きつけられるその力に身を浸しましょう。見ている体験から眼を離したくなる身体の衝動が生じるまでこれを続けます。

植物の中心部に眼を向けてください。もやのようなものが現れるまで待ちます。それは繊維のようだったり、ときには霧やクモの巣のように見えたりすることもあります。場合によっては、ぼうっとした幽霊のように見える場合もあります。

それが見つかったら、直接、十二時の視点に向かいます。あなたの時間象限の中を時計回りに回転します。決して反時計回りにしてはいけません。これを三回、行います。青色を見つけたら、先に夜空の中から選んだ上方のやや左側の星を見つめます。十時から十一時の視点にあるはずの星です。

星はおそらく植物から三十〜四十五cm離れた上方に現れるでしょう。これはもちろんあなたのいる場所によります。この距離より短くてもかまいませんが、植物に近すぎてはいけません。まばたきをせずに星を凝視(ハード・ゲイズ)してください。それから視野周辺部で植物を見ます。これは左右両眼の間接的な漠然視(ソフト・ゲイズ)で、四時から五時の視点です。星が変化しはじめるにつれて、植物がシフトしはじめるのに気づくでしょう。植物は、虹のスペクトルの全色で構成されるようになります。

これが生じているあいだ、星自体があたかも脚を持つかのように広がりはじめるのに気づくでしょう。それは脈動しているかのように、ますます明るくなり、小さくなります。それが消えるまで、まばたきせずに星への視線を固定することがとても大事です。もちろん、その都度まばたきしなければならないこともあるでしょう。しかし、焦点を合わせたままにしておくことを念頭に置きます。星のエネルギーの下降は、眼の右下の象限にある植物がつかさどっています。

ここで説明しておく必要があるのは、自分が欲しいものを望むことはできないということです。空虚なままでいてください。光のエネルギーを下方に引き込む際、実際には上方を見ています。それは、左右両眼の五時の視点で混ざり合います。

星が完全に消えるのに五～三十秒かかるか、ときには一時間かかって消えることもあります。また別なときには、星は決して再び現れません。それはあなたの個人の力次第です。

この技法の次のステップは、夢の中で何かが与えられるのを三日三晩待つことです。人によって、それぞれ、この贈り物は違います。これは、あなたが欲しいものではなく、あなたが必要とするものに完全に相応したものとなるでしょう。この技法で私は水晶をいくつかもらったことがあります。それ自体は、解決した状況には何の意味もありませんでした。この技法を実践した他の教え子たちが、夢の中で何の意味もなさないものを得て、「その贈り物を受け取ったときから三日待ってごらん」と私が言うと、たいてい彼らの状況はおのずと解決しました。

人によって、贈り物はさまざまです。三日以内に贈り物を受け取らなかったら、夢見の中で贈り物をもらうまで、三日ごとにこの技法を行ってください。

[ゲートウェイ]

□技法十三 ：ケツァルコアトルの月を見つめる

満月の夜を選ばなくてはなりません。満月を見上げ、直接それを凝視（ハード・ゲイズ）します。月があなたに向かって「白熱」しはじめていると感じるまで見つめてください。

見つめる位置を月の周囲に移動します。これは数cm程度の移動に感じられるかもしれません。

月の上方の十二時の位置からはじめて、しばらくのあいだ見つめます。視野周辺部の下方に月がはっきりと見えたら、三時の位置にシフトします……それから六時……それから九時……それから再び、しばらくのあいだ月を直接見つめます。

このプロセスをあと二回、合計で三回の回転を繰り返します。三回目の回転を十二時の位置で終え、それから直接、六時の位置に移動し、そうすると月はすぐに上昇しはじめます。

視野周辺部の上方にある月をその位置で見つめます。月がくねくねと蛇のようにその道を上方に進みはじめるまで、六時の位置を見つめます〈植物を見つめる〉技法の〈上昇と下降〉と同じ原則を用います）。

十二時の位置から、眼はすぐに下降する必要があります。通常の周辺部を見つめるのよりも十分に下までです。一度、眼がこのように下に降りると、スピリットは永遠に向かって上昇します。月をその軌跡においてつかまえるのです。すると月は空に向かってくねくねと上がっていきます。この技法を実践すると、周辺の星々がその位置を劇的に変える可能性があります。

【「ケツァルコアトルの月を見つめる」に関する注意点】

このケツァルコアトルの月を見つめる技法の背後にある本質的な目的は、月光の力で第三の眼の上部と下部の領域を融合することです。月光の力は上昇し、それから結合力となって戻ってきます。戦士に手に入る魔術に応じて、自動的に変容する養育的な熱として戦士と結合する力となるのです。ケツァルコアトルの月を見つめる技法と結びつく身体動作があって、それを私が責任を持って管理していました。そういった身体動作は私の恩人、老ナワール・ルハンから授けられたもので、私がアメリカ大陸に着いたとき、南米のある男性に伝えられました。その男性は私が到着後に見出した人物です。これらは今や一般に公開されつつあります。興味のある方は、www.parallelperception.com（英語）でより詳しい情報を得ることができます。

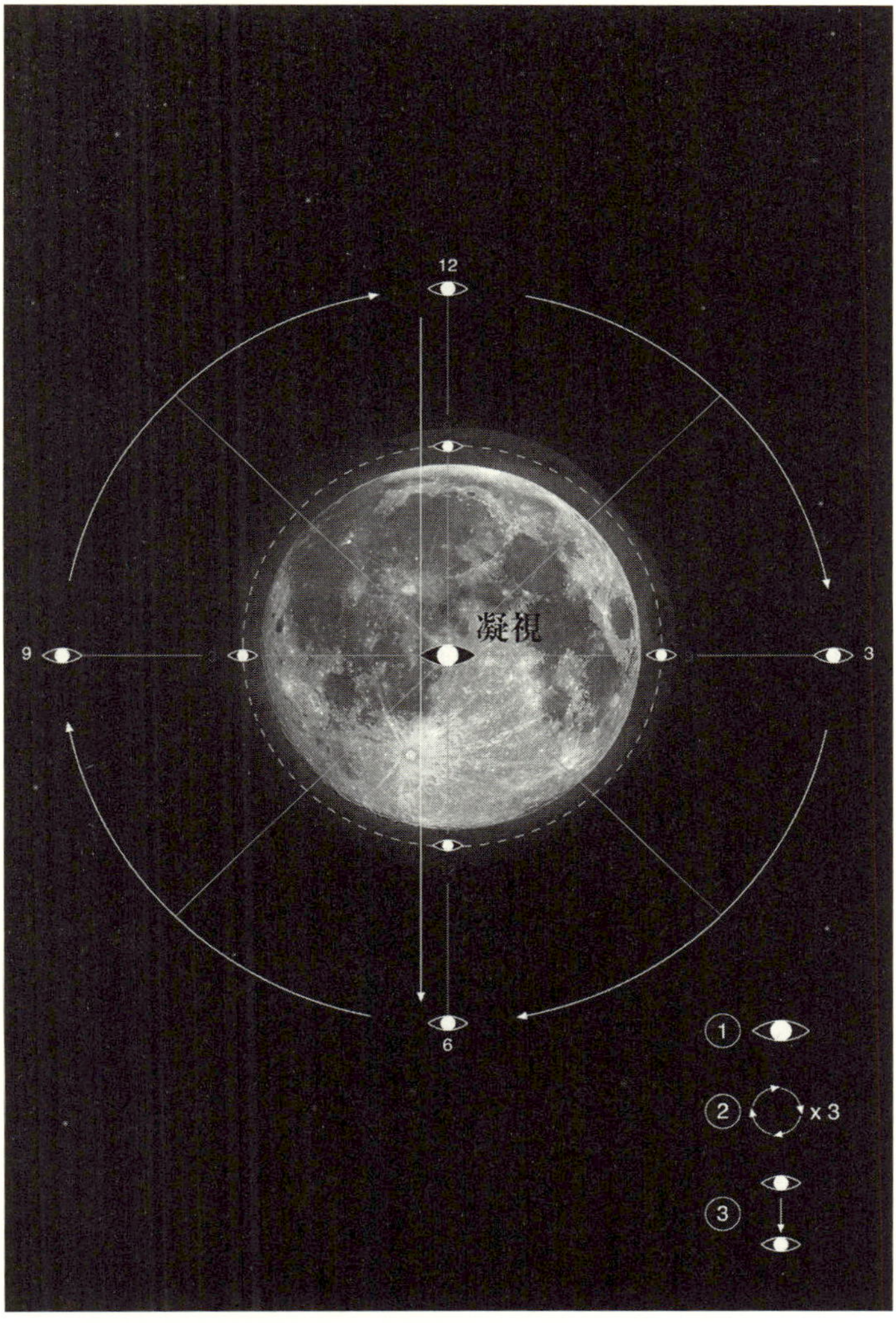

[ケツァルコアトルの月を見つめるＡ]

[ケツァルコアトルの月を見つめるB]

Q

ケツァルコアトルの月を見つめる技法で、三回目の回転の後、何も起こらなかったら、そこから離れよと言ったのを覚えていますか。つまり月がくねくねと上に向かって動くのを見なかったら、その技法を繰り返さないということです。この実践を、満月の前日、当日、翌日と三晩続けてもよいのですか?

私は昨夜、この技法を実践しました。満月の前の晩だとはっきり意識していたわけではありません。その後ベッドに入って、軽く眠ろうと思いました。そして、眠っている何時間ものあいだ、色鮮やかに輝く満月の絶妙なイメージが保たれていました。これをやってはいけない理由が特になければ、この実践を続けたいです。

A

満月にだけこの技法を実行するのが最良です。月が満ちたり、欠けたりする相は伝統的に魔術に使われました。特に三日月はそうです。満月の相を過ぎた後に存在する暗闇はどんな部分であれ、その中に望ましくない意図が埋め込まれていることがあります。

□技法十四　：雷を見つめる

眼には盲点がありますが、これがまるごと真実だというわけではありません。左眼は、三つの回転する盲点を持っています。ここで眼は「ナワール」あるいは空虚と呼ばれる現象を識別します。それは常にそこにあるのですが、両眼が見ることのできるイメージ（両眼が見ることができないものではなく）に吸収される結果、完全に無視されています。

雷を見つめるとき、閉じたまぶたを通して見つめます。雷が落ちると、明るくて白い輪が現れます。これは見つめる技法すべてで満た（フィード）しているのとまったく同じ輪です。

雷を追いかけようとして頭を回したりせずに、眼を閉じて暗闇の中に座ります。まぶたの裏で、眼に保存される電磁気的なエネルギーが実際には落雷なのです。まぶたを閉じて見つめるときに、稲妻の近くにいること自体もまた大地から足や会陰へ至るつながりを生じます。

もし雷が落ちている最中に「龍の涙」を行うなら、それは見つめる者の眼に直接、落ちるでしょう。内的な認識が起こっていても、ただ閃光（フラッシュ）を外部的に見るだけでしょう。この場合、皮膚というあなたの包み込みフィールド全体が落雷を吸収します。動作を行うときにエネルギーを吸収する主要な身体領域は、足の裏、手、眉間、それにクラウン・センターです。落雷が眼にくるとすぐに、これらの地点が活性化されます。

【雷を見つめる際の注意点】

白い輪を見るのは、その人の個人の力を強固にするのに役立ちます。これは、強化するものではありますが、傲慢、恐れ、攻撃性などの望ましくない要素があると、危険でもあります。雷を見つめると、古い習慣的な行動パターンを埋め込むことがあります。もしこれが生じると、誰かが、あるいは自分自身で、後日、それを扱うのに表面に引き出し、清めるのがより困難になります。形をなくすようにすることが大切です。自分が、怒りや、強制的でこそこそとした不正な特質をまだ隠し持っていると思われる場合、もっと澄みきった状態になるまで、この技法を避けるのが最良です。

□技法十五　：骨髄呼吸

他にも骨髄呼吸の技法はありますが、この特別な技法はケツァルコアトル・シリーズの一部です。これは、身体を浄化(クリーニング)ないし清めるための呼吸技法です。「ケツァルコアトルの月を見つめる」と一緒に実践できます。

鼻と耳管で同時にゆっくりと呼吸します。これをやるには、息を吸うときに、内耳に注意を集中しなくてはいけません。そしてその息を、へそから指三本分下に位置する臍下(せいか)丹田に降ろすように、めいっぱい取り込みます。息が臍下丹田に達したら、皮膚がチクチクするような感覚に気づいてください。吐くときは、鼻の先端に注意を向けて、吐く息の音が聞こえないようにします。これを行うあいだ、口は閉じ、両唇を密着させ、舌は口蓋の上部につけたままにしておきます。事情の許すかぎり、頻繁にこれを行います。

【骨髄呼吸の注意点】

この技法をはじめるとき、内耳に焦点を合わせると、外耳道から肺に向かって空気が動いているような冷却感があるでしょう。皮膚がぞくぞくした時点で、あなたは身体のまわりのエネルギーを集めていて、皮膚を通してそれを吸収しています。これを十分に行ったら、これがあなたの普通の呼吸の一部となります。この呼吸技法は骨密度を増大させます。

生きた構造物が取り囲む吸収から逃れる方法は、
われわれの付着物を溶かし、
われわれがむやみに欲しがるあらゆるものを放棄して、
他の者、すなわち夢見る者になることである。

われわれの付着物とは、
われわれを吸収する意識の断片で、
本質的にわれわれは部分的にそこに存在する。

対照的に、力によって成り立っている洞察に満ちた断片は、
精霊（スピリット）のささやきであり、
われわれが重要だとみなしている
社会的な身元（アイデンティフィケーション）を粉砕する永遠の厳格さである。

それぞれの断片は、われわれの意識を拡大するか、
もしくはそれを罠にかけるかのいずれかの力を持っており、
不要な、もしくは何の妥当性もない断片を取り除くことによって、
われわれは徐々に他の者になるが、それは
われわれを固定しておくものを手放すにつれてなされる。

戦士の精神（スピリット）を和らげる上で心臓は開いていなければならず、
その課題を成し遂げるためには、
絶えず用心して心臓を守る必要がある。

第七章　活動的な夢見る者

われわれはなんとしても夢を見ないように意図しなければなりません。そうして、現在というこの瞬間に遅れずに踏み出すことになっている、避けられない進化の一歩を受け入れるのです。多くの人たちは、これを疑問に思うかもしれませんが、それも当然です。私がここで持ち出そうとしているのは、われわれのプログラミングが身体意識に対して持っている磁気的な吸引力を断つという提案です。

　われわれの意識が球で、この球から短い光の繊維が意識の蜂の巣状の迷路に向かって伸びていると想像してみてください。それは、それぞれリボンのような糸によって識別される区画、われわれが到着した時点でそこに住まう夢見の区画です。この場所は絶え間なく活発で、それ自体を維持するのにわれわれの個人の力を利用しています。これは多面的な事象で、多くの夢見の区画を利用しています。たとえ到着時に単一の参照点として意識が局在化（ローカライズ）されているように見えてもです。われわれが夢見の能力の階層性に気づいているかどうかにかかわらず、一度、神経回路が確立されると、習慣（確立された場所を再訪する無意識の習性）は、われわれの意識的な介入なしに継続し、われわれが起きているときの意識の中でやっていることや直面することを実際に模倣しています。われわれは、起きている世界の中に没頭しているのと同じように、夢の中にも没頭しているのです。

この絡み合ってもつれた関係があるために、われわれの意識は大規模な神経網に細分化されてしまっていて、人間存在としてのわれわれの意志の推進力そのものと離れているかのように機能しています。人がある夢の中に入ると、その参照点の中に目を覚ますことによって、そのときに使うひとつの区画を安定させ、それがその場所をコントロールしているという錯覚をもたらします。こうして、すべてのエネルギーがひとつの局在化された位置に入り込み、夢見る者がその記憶の力を獲得したという妄想を供給するのですが、その人自身の個人の力という面では、その記憶は起きているときの世界の中で、その個人の生きた本質を安定させる何の力も持っていません。その理由は、われわれが生まれるとき、原初の刻印の不可欠な本質（エッセンシャル・エッセンス）が、われわれのエネルギー・フィールドに入り込むあらゆる実体の影響を受けるからです。こうしてわれわれが（この世に）到着する瞬間から、身体意識のレベルでプログラムされていて、先人たちにも、また自分たちの真の自己にも未知である先人の遺物を手に入れ、それを同化吸収するのです。このパターン化は、われわれの果てしなさ、すなわち元の身体意識を抑え込みます。それにもかかわらず、元の身体意識は本質的にそのままで、プログラムされたものによってはアクセスできません。

本質的にわれわれは、自分がもともとそうだったものに背を向けてしまい、振り返って自分自身のこの計り知れない部分に直面できるということを自覚するのは難しいと気づきます。残念なことに、われわれが振り向くと、眼は一緒に回転し、われわれの今の姿を映し返すだけで、もともとわれわれが何者だったのかを映し返してくれません。こうして、われわれが相続するのは先祖伝来の遺産であり、その遺産がわれわれの制限になります。実際に、刻印が内的な核をあまりにもきつく呪縛しているために、自覚的な意識が元の空虚さを識別できなくなっています。なぜなら、われわれの空虚さは、原初の身体意識のまわりに構築された要素に比べると、まったく侵略的ではないからです。このプログラミングにより、眼は前方を見るように同調化されていて、人生の初期の出来事を完全に反復する能力を持っていません。人が自分の意識のもともとの推進力がどこで生じたのかを自覚するには、自分自身を忘れなければならないのです。そしてこれは、もともとの建造物、すなわちわれわれの遺産を仕立て上げた認知システムの方法や手段によっては想像できません。このため、夢見る者としてのジレンマは、われわれがどこからやってきたのか、その起源の時点を見ることができないほど自分が無能になっていることです。

だからこそ、戦士は自分の成し遂げたことに対して、もはや正しさを確かめたり、承認を求めたりしないことがとても大切です。というのも、正しさを確かめる必要があるという考えをつくりだすその同じ構造物が、まさに承認を必要とすることそのものによって人の視覚を盲目にする錯覚の根源だからです。真の反復は、真実を見ること、および内省によってそれ自体に同一化する再確認の必要を手放すことによって達せられます。真実とは、戦士がプログラミングの中にとらえられているということです。

戦士が自分自身を探し求めないとき、代わりに彼らは他者を受け入れます。このプロセスによって、カタコンベ（地下納骨堂、迷路状の墓地）、すなわち夢見の意識である特異性を根絶しはじめます。その特異性が、彼らの不滅の感覚、正しさを確かめなければならないという必要、すなわち先祖伝来の遺産を維持する注意力を間接的に強化しているのです。この根絶が生じると、それまで夢見の深遠なプロセスに割り当てられていた意識は、戦士によって語られるひとつの声として活動しようとして表面に引き出されてきます。すべての特異性が、われわれが現在そうであるものになる以前は沈黙の実体だった、元の身体意識に統一されるまでこれが続きます。過去の自分を超えたところに向かおうとする人は、自分の身体意識を包含しなければならないし、こうすることによって、これまで着手した中でも最も強烈な反復に直面するでしょう。そこはあなたがかつて到着した地点ではあっても、それに気づいていなかったのです。したがってわれわれの課題は、現在の自分になる前に、自分が何者だったかに気づくことです。

すでに従来の反復技法を学んだ人たちにとって、自分の体験した出来事を再訪して順序立て、順序立っていない自覚に最終的に到達することが最初のステップです。通常の反復は、人生の順序立った配列という観点から特殊な出来事を切り離して考えます。夢見はまったく同じ原則を反映します。人は、この地球上に到着したときの最初の状況の初期設定（プレプログラミング）によって定義される果てしないループに従事するようになります。だから、それは行き止まりの道です。ここで提案しているのは、夢を見ないことです。これが、われわれの意識をとりまくひとつの循環する輪（ホイール）をつくります。これがどうやって働くかというと、眠りに落ちたら、自分に話しかけることなく、夢を見ないように意図することによってです。それは、身体の意図を通して生じます。元の身体意識がみずからを無言で定義するのです。そして、夢見る者の意識が無に達するまで、夢見の区画はゆっくりと外部に移動していきます。実際に、夢を見ないという意思によってつくりだされる膨大な量の空間のおかげで、しがみつくものは何もないのです。

では、中心軸があなたの意識であると想像してみましょう。ひとつの輪がこの空虚な中心軸のまわりを回転しています。あなたが夢見のためにこれらの区画を使わないと、それらはただ単に戦士の内部的あるいは外部的なイメージになります。継続的にわれわれから逃れる常在の瞬間を横断する第三の眼の能力になるのです。これらの区画が夢のイメージで構成される代わりに、それらはあなたの人生の道筋の前もって定められた運命をゆっくりと手に入れて、あなたの第三の眼にヴィジョンとしてランダムに提示されます。最初は内部的に、それから外部的にです。これには、夢見の中あるいは起きているときのいずれかでの予知が含まれます。

　こうして戦士の旅がはじまります。夢見をしないという意思を持って夢の中に入り込むことによって、世界を構築する意識そのものを、沈黙以外の何物もなしに包み込むのです。この広大さ、この空虚さは、眼に映し返されて、それからあなたが起きている世界に反映されます。その沈黙の力は、その沈黙の直接の反映である構造物と相互作用します。こうして永遠が伝達されるのを見る能力を戦士に授けます。生きた存在であるわれわれと共生する魔法として顕現する永遠です。この顕現は、ある種の念動（テレキネシス）となって生じることがあります。戦士の注意力は、永遠の意図になるでしょうし、もしその力が十分であれば、見る者はその念動がいつ生じるかを知り、所有できないその力を行使します。念動の本格的な顕現が生じる前に体験するかもしれない最初のことは、他の人たちの内部的な注意力の増減を感じることです。それはまるで投影された感覚に触（さわ）られているかのような感じです。たとえ、これを投影している人自身が、その感覚で感情的にあなたに触れるという非常に精妙な要素によって念動を働かせているように見えても、それは念動の内部プロセスに気づくようになるその最初の段階、すなわちエーテル・レベルで他者の感触を知る戦士の能力です。

他に起こるかもしれないことは、予知的な既視感（デジャ・ヴ）です。つまり、他者のエネルギー・フィールドの中に含まれるものを見る能力です。結果として起こりうる出来事はまだたくさんありますが、それでもこれらの現象は、あなたが内部的に力をコントロールしたり、求めたりする意思を持って夢見に入っていくことで成し遂げるだろうこととはかなり違います。夢の魔法は、たしかに魅惑的ですが、その魔法の力は夢見る者の欲望の反映にすぎません。われわれは、まわりにいる動物たちとそれほどかけ離れているわけではありません。彼らも夢を見ますが、それでも意識的に夢を見ないように意図することはできません。それはただ単にDNAが自分自身を表現しているにすぎません。われわれはそれ以上です。われわれは自分のプログラムにならないように意図することができます。[**] この多面的なテーマを論じたい人は、無目的の目的に光を当てる「平行的な知覚のフォーラム（Parallel Perception forum）」で戦士たちと交流できます。予想や期待なしに歩き、現時点で宇宙が見せてくれることを知るためには、われわれはそれを見る必要があります。

** 訳注：「自分の中にあるＤＮＡの発現プログラムどおりに生きるという以外の選択肢がある」という意味かと思われる。

Q

夢を見ない実践の結果として体験される激変についてお聞きしたいと思います。他の方については知りませんが、自分にとっては、最初から非常に荒っぽい乗り心地でした。何かがより空っぽな状態に向かってシフトするたびに、感情的な圧力でぺしゃんこになります。ときには、まったくなじみのない圧力です。同時に、そこから「跳ね出して」これらの状態を振り払う能力も劇的に増加しました。それは、激しく揺さぶられるような感じです。何かを理解するたびに、それが突然変化しました……果てしなく続く感じです。何が起こっているのか、なぜそれが生じるのかを理解する方法があるのだろうかと思っています。

A

なじみのある快適な状態から離れる動きについてですが、その際には圧力や激変が体験されます。もし元のパターン化された行動がその人を敏感にさせているなら、その敏感さが、しばらくのあいだ最も支配的な要因になる可能性があります。われわれが現在住んでいる世界は、敏感さに対する特別な厳しさがあります。見る者がより気づくようになると、自分のまわりをとりまいているものについて無限に多くのものを感じます。最初に、これを受け入れていくことで、旅が開かれていきます。われわれは責任を取らなければなりませんが、ときにこれは不快なことです。

Q　われわれがどのように夢見られているのかについて、何か説明してもらえませんか。また、これに関連して、われわれは共有された夢の区画として、どのように機能しているのでしょうか？

A　われわれは皆、密接につながっています。われわれが進化するにつれて、入手可能になるより高い周波数が複数の現実を顕在化し、それによりわれわれは、これまでの意識に可能だった以上の、より多くの潜在力と相互作用します。ただ、われわれは今までと同じであるように見えるだけです。他の人たちは、見る者を自分たちの見方で見て、その時点で彼らに手に入る意識的な結論を引き出すだけです。源泉にいるということは、われわれの存在の起源に気づくようになるということです。その起源は、われわれの意識のスピリットを通して自分自身を表現します。もし「区画化」の説明に戻ってもらえば、その複雑さという点で、自分の質問に対する答えを理解しはじめるでしょう。

Q　さまざまな脳波のパターン、特にデルタ波のパターンについての情報を読んだとき、夢を見ないように意図することを思い出しました。この状態がデルタ状態の脳波だと言うのは正しいですか？「無意識と集合的な無意識の心へのアクセス」を含む定義の中に何かあると感じました。われわれは、夢を見ないように意図することによって、精神活動や自己から脳の強調を取り除き、そしてデルタ波を通じて源泉に戻っていくことが可能になるのでしょうか？

私はネット検索をしていて、一枚の図表を見つけ、そのおかげで前述の脳波を相互接続的な螺旋として視覚化できました。すべて同時に生じるものなのでしょうか？われわれは社会的にプログラムされて活動する際に、アルファ波やベータ波に重く落ち込んでいるように思われます。ときどき夢見でシータ波上にあっても、先のふたつの脳波の活動の中に重く巻き込まれていると思うのです。夢を見ないように意図することは、デルタ波に同調（エントレイン）するのに役立つのでしょうか？

A

はい、夢を見ないように意図する技術を実行するときに入り込むのはデルタ状態です。アルファおよびベータ状態は、知性体としてのわれわれの主要な機能の一部として、起きているときの世界の中でアクセスされます。あらゆる瞬間にわれわれが直面する構造物の要素と相互作用するためです。同調（アラインメント）という面で、身体意識がシータ波のパターンを統合した者たちがいます。この周波数を安定させるさまざまな厳しい訓練に従事した人たちです。この場合、意識は心（マインド）の介入なしにそれ自体で活動します。この脳波パターンは、自由と高揚という形で体験されます。そこでは肯定的な成り行きを意図することができ、みずからの生活の中でそれを顕現させる技能を使うようになります。これは有利である一方、それが夢見の意識に転送されると、注意力はアルファ波とベータ波のパターンに巻き込まれたままになります。そうすると人は別の迷宮に直面し、それが生きた構造物と同調して、果てしないカタコンベの中に再び混ぜ合わされます。ここに、古い見る者のジレンマがあります。すなわち、その夢見の意識を通じては自由を見出せないという困惑があるのです。

　ひとたび戦士がこの特定の段階に達すると、彼らは手を放し、意思を持たないことを意図するようになる必要があります。つまり、みずからをより高次の周波数と同調させ、永遠の直接の表現であるスピリットの顕現を通じてこの世界の中を歩むようにするのです。たとえこの状態が、すべての物事が一見可能であるように見える以前に獲得された注意力と似ていても、それはただ単にその現れにおいて同じように見えるだけで、同じではありません。それは、物言わずに——見る者によって話される言葉上を歩みながら——現れていないものを現し、まるで初めて話されることを聞くようにして、継続的な喜びや驚きとして現れます。永遠は見る者を通してささやき、見る者は尋ねる者に不可知のことを発します。最も魔法的な顕現は、起源のない起源から姿を現し、そこに退いていきます。

これが生じるためには、デルタ波を超えた非常に深い脳波状態にある必要があります。それが今日、イプシロンと呼ばれていると聞いたことがあります。そこには自己の反射がなく、「私」を持ち込むことがありません。たとえ傍観者の視点から〈「私」が見る者の中に存在する〉ように見えても、見る者が目撃者の前に具体的な形で現れるとき、ただ単にその空虚さは見ることができないのです。日常世界では実際にこれら三つの脳波パターンにとてもなじんでいるため、これと同一のパターンが夢の中に取り込まれ、そこを横断することもめずらしくありません。こうして果てしない組み合わせの中に意識を巻き込んで、それによって夢見の注意力の焦点が当たる迷路をつくります。一度、夢見る者がこれら果てしなく見える可能性を追跡しようとすると、自分の参照点、すなわち入り口となる夢の構造物を確立するために前の晩の手順を辿ろうとして、苦境の中に取り残されます。

ここでの困惑は、安定した夢見の位置が錯覚であることにあります。その錯覚は、なじみがあるという点で、視覚的な参照システムをもたらす類似した特徴を持っていますが、それでもそれはまったく同じではありません。そうすると戦士のエネルギーは、その相違を調整しなければならなくなり、それらの微小な調整により生命力が失われます。針の目を通り抜けて飛ぶにしても、もし糸がその通り道の源を見出すことができないなら、飛ぶのは不可能です。

　夢見る者は、起きているときの構造物からの自己という錯覚と、夢見の構造物の中の自己という錯覚に実際にアクセスしているため、それぞれの現実において、戦士は自分の投影に直面せざるを得ません。つまり、自分が必要とするものを受け取るためにみずからを解き放つ代わりに、自分が誰であり、何が欲しいのかという要素を維持しているのです。だから、起きているときの世界の中で正しさを確かめる必要を意図しないことが大変に重要です。そうすれば、一方で自己を忘れると同時に、自分が気づくことのできる全範囲の現実を目撃するようになり、こうして自分を役立てることができるのです。デルタの脳波パターンの中に浸ると、身体意識は制限された現実を超越し、意思のない意思に従うようになります。

　この高度の状態が、夢のない意識としての夢に転送されると、戦士は全存在の基盤である普遍意識に引き渡されます。ここで無からすべてのものが現れるのです。これが生じると、戦士はスポークのない輪の中心軸（ハブ）になります。すべての夢のイメージは、中心軸のまわりを回転するひとつの大きな輪として、第三の眼の能力に移されます。そこでは、広大な沈黙がその中心マトリックスである軸（ハブ）自体から、外側に向かってそれを押し出します。ここから第三の眼のクラウンの能力、そのランダムで普遍的な要素が介入し、戦士は永遠の霊的な面に対する導管となります。これにより一見個人化されているように見える空虚な意図が、見る者の能力に応じた便宜をはかり、見る者はその独自の形態を通して世界の中で行動するのです。

意思のない領域に向かうのを意図すること（夢見る者が何千年ものあいだやってきたこと）は、起きているときの世界に対する夢見の注意力のもつれを生じさせますし、またその逆もあります。夢見ることを意図した人たちにとって、思い出す必要のある唯一のことは、輪に現れたスポークは、非二元的な実践により溶解される必要のある単なる錯覚だということです。われわれ人類の種としての破壊は差し迫っています。この世界に戻ってきて、目前で断片化し分解しつつあるこの現実の中で、手遅れになる前に百％生きましょう。あなたが必要とされるのはここであり、ここでコントロールのすべてのメカニズムと、そのメカニズムの背後にある破壊的な力を百％意識するのです。われわれは、悪魔をその細部に至るまで見るようにならなければなりません。われわれはしなければならないことに身を置いて、これまでやってきたことをやめる必要があるのです。

Q　デルタ脳波同調用の瞑想ＣＤは、戦士に有益だと思いますか？　それともそれは、人の意思だけでその状態にアクセスすることとはまったく違うのでしょうか？

A　人の意思だけでアクセスできますが、同調用のＣＤもそのプロセスを促進するために役立ちます。

Q　身体意識が目覚めつつあるのに気づくにつれ、私のまわりの感覚（フィーリング）が、まさに自分の感覚であるかのように、不思議に伝わってきます。多くの場合、それらは何であれ人々が内部的に自分から隠していることと関連するように思える閉塞感や不快感です。これは正常ですか？　人々と相互作用する上で、しばしば重苦しい制限のようなものを感じるのですが、それを受け入れる視点を持つには、自分の注意力をどうすればよいのでしょうか？　知覚者として私は、こうしたことに対する自分の責任をどう位置づけたらよいのでしょう？

A

はい、それは正常です。どんなことであれ、どんなレベルの正しさも確かめようとしないでください。あなたの身元証明（アイデンティティ）を減らしてください。自分に関連づけて個人的に受けとめないことです。

Q

人が眠っていて夢を見ていないとき、身体意識に何が起こっているのでしょうか？　もし何らかの意識が存在するなら、それは混沌とした虚空またはチベット仏教で説明される「澄みきった光（クリア・ライト）」のようなものでしょうか？　夢のない眠りと身体意識はどのようにして互いに知らせ合うのですか？　身体意識は、本質的に虚空の意識なのですか？　もしそうなら、それは眠っているときも意識があるのですか？　虚空の意識が起きているときの状態のエネルギーにどのように影響を与えているのか、何か説明してもらえますか？

A

身体意識が非常に深いデルタの状態やイプシロンのパターンに達すると、あなたの電磁場が、光の存在としてのあなたに必要なものに応じて、それにふさわしいものだけを受け入れます。この虚空のような状態に浸ると、見る者が到着した時点における意識と相関した入手可能な光の周波数に応じて、身体意識は未知のフラクタル化された永遠の本質(エッセンス)を同化吸収します。まだ私が話をしていない非存在からくるもうひとつの段階があります。非存在の状態の中には、干し草の山の中にある針のように小さい光の点――知覚することはとても難しい――があり、その場所がいったん見つかると、それは光の繊維の宇宙からまた別な宇宙へとさらに拡大します。そして、これもまた最初、見つけるのが難しい参照点を、その多様性の中に含み持っています。また、その場所を見つけることのできない暗闇の小さな点もあり、それもまた意識が存在するのをやめると手に入ります。

起きているときの状態に影響を与える非存在――あるいは虚空――の意識についてのあなたの質問に答えるなら、その最も顕著な効果は、全存在に親密につながっている極端な超然性です。

Q なぜあなたは夢を見ないことを勧めるのですか？

A われわれはこの領域にエネルギー体あるいは光体、または分身を持ってくる必要があります。意識の主要なシフトの可能性があるこの移行期、二〇一二年からそれ以降の時代には、自己のこの側面がわれわれに随伴することが不可欠です。これが真に何を意味するかを明らかにしましょう。夢見ないことにより、戦士の夢見る能力の意思は、戦士の中心核から上方に向かって拡大し、彼らの区画のあいだにある空間を占める、莫大な量の内的沈黙をもたらします。この沈黙が十分な力を蓄積すると、その区画は元の状態に戻り、第三の眼の伝導力〔conductivity〕になります。この伝導力は、宇宙にすばやく広がり、調和的に進み、光の存在としてのわれわれの能力の中で前後に投影され、多次元的に絡み合い、夢見が優位を占めていたことにより実際にベールをかけられていたマトリックスそのものを横断します。この第三の眼の能力が、その究極の潜在力を手にするとき、これまで夢見の体として知られてきた分身は、戦士の物理的な形の中、その次元内の中心にそれ自体を位置づけ、永遠のささやきを、他者が聴く嬉しい驚きとしてだけでなく、見る者自身の驚異の源ともなる、言いようのない真実として表現します。見る者は、完全な喜びとしてこの現象を受け入れ、みずからの声を聞いて、自分がこれまで話したことのないことを聞いているのだと知るのです。

この特別な力が完全に確かなものとなると、第三の眼のマトリックスはそれから非常に独自な機能を持つものに進化します。この時点で起こるのは、第三の眼の投影がホログラフィック放射となって見る者の身体の上部を含み、それからそれが個人個人に多次元的に教えることができるようになるということです。私の場合、教え子たちがこれを体験しています。彼らは私がホログラム映像としてやってくるの見ています。彼らの夢の中ではなく、起きているときの世界でです。私のホログラム映像は、ただ彼らに立ち会うだけか、もしくはその時点で彼らの進化にふさわしいことを指導するかのどちらかです。この現象には、第三の眼の能力がそのマトリックスの中に埋め込んだ元のベールがまだ付随しています。つまり、見る者が対処しなければならなくなる圧倒的な要因として次元的に満ちあふれるこれらの記憶の機先を制するのです。その結果、師はそのすべての訪問を覚えていないこともありますが、この力が確立されると、多様な教えが確実に生じます。この戸口に至るとき、分身または夢見の体はもはや投影としてランダムに利用されるのではなく、肉体の中心マトリックスの中に次元的に位置づけられるようになります。これが、第三の眼の能力が多くの人たちにとっての教育手段という形で完全に発揮されるときです。それは伝達だけでなく、高次の光の存在からの情報を受けとる受信場所としても働きます。

Q なぜ第三の眼の投影の際、身体の半分だけを見るのですか?

A これには答えることができません。わからないのです。通常、何かが見られる場合、認識されるものの視覚的なマトリックスの中に一定量の情報があります。分身と第三の眼の投影の場合、見る者の掌握力から漏れ落ちたままの情報要素があるのです。

Q 夢見の体がもはや投影として使われないとは、どのような意味ですか?

A ふたつの方法で質問に答えることができます。まず第一に、見る者が分身に気づくと、その眼は世界に向けられ、第二の視点をもたらします。この第二の視点が完全に現れると、他の誰かが自分の目の前に、見る者の分身を見ます。その人はエネルギー的な分身を見ているのか、それとも肉体を見ているのかはわかりません。もし見る者が近くにいる場合、その分身が目撃される部屋に見る者が入るとき、これがたいてい確認されます。見る者がその場所に物理的に入る時点で、その分身は消えて、この珍しい出来事を目撃する人に衝撃を与えます。見る者は、入る前にその部屋に何があるのかを直感的かつ予知的な視覚の異変として知ります。つまり、実際にその分身の眼が起こったことをすでに見ているのです。これは、第三の眼の能力が次元内で働こうとして完全に目覚める前に、永遠が見る者に用いるシンプルな訓練法です。これが生じるとき、見る者は分身に近づくようになったこと、それがみずからの存在の中心の渦の中に溶け込んでいくのにかなり近いところにいることを認知するようになります。

肉体に比べて、分身がさまざまな場所に現れるという呪術の物語があります。私自身、これを完全に認めることができます。何人もの人が、私の物理的な肉体の位置からはるかに離れたところに私が現れたと報告しています。このような話は、師から教え子に伝えられてきました。強力なシャーマンは、ふたつの異なる場所で活動する事例もあります。ふたつの離れた地点で何かをする能力を私はこれまで持ったことはありません。私が知っているのは、自分の分身が私から遠く離れたところにいて、私の存在の中心マトリックスにみずからを再び位置づけることで、私の第三の眼に同時に複数の場所にいるというホログラフィックな潜在力を与えることです。それでもこの作動マトリックスには、同じ規則が当てはまります。つまり、起こった出来事すべてを完全に追跡することも、覚えておくこともできないということです。

人は自分のいたところに辿り着くまでは、自分がどこにいたかがわかりません。たとえ、自分が今いるところとの対比で、自分がいたところがすでに心に浮かんでいたとしてもそうです。この意識は、通常、何かを教えられるのを目撃した人の出現によってもたらされますが、その人は伝えられたことを覚えていません。こうして、見る者はすでに起こったことを話す能力を得るのです。彼らの眼は、以前の伝達の上を歩き、自分の言葉の中にあるこれらの教えに妥当性を与え、すでに横断された道を心臓が話せるようにします。

繰り返すと、この機能は、見る者が教え子の前に物理的に出現し、共振によって教え子に適量の情報をもたらす際、その場に身を置いている教え子により顕現します。この共振そのものが心臓を活性化する精妙な周波数を知らせ、その時点でやってきた隠された真実を話すのです。それはすでに教え子に伝えられているのですが、それでもそれがやってくる時点までは思い出せません。これは大きな謎のひとつで、その教えを通じてすでに伝達された周波数に同調する高められた意識の状態において隠された出来事を逆流させます。この共振は、やってくる瞬間の兆しを認識するやり方であり、またチベット人が自分たちのラマ僧を見つける方法です。後者は、生きたマトリックスを去った魂が、別の身体の中に再び入るのです。これは本質的に輪廻転生ではなく、単にわれわれの課題あるいは運命がその差し迫った見込みや可能性を成し遂げるまで、次元内で移動するわれわれの能力にすぎません。われわれが次元的な存在であることを実感しはじめ、フラクタル化の中でわれわれの区画化の範囲を正確に自覚すれば、この世を離れた魂が地球マトリックスに再び入るのを見出すことが可能になります。

【既視感、予感、前兆】

蝶の羽のように、既視感（デジャ・ヴ）は希少で繊細な出来事です。蝶が花に舞い降りる姿を観察すると、すぐにその羽が調和的に開いたり閉じたりするのに気づきます。われわれがその複雑な細部を意識するようになっても、見たものを完全には吸収できません。見る者は、一時的に現れるパターンの一部を見抜きますが、それは蝶がひとつの基点から別のそれに移るとすぐに変化します。蝶は花の蜜——花の源泉——を吸収します。こうして元の視覚表象を変化させて、見る者の眼に別な視点から衝撃を与えます。つまり、もともと観察に供された羽のパターンを変化させるのです。羽が見る者の眼に開かれるにつれ、われわれは手に入れた順序立っていない複雑微妙さを認識しはじめるのです。

前兆はその顕現において、視覚的、聴覚的、嗅覚的または感覚の領域など、いずれであっても、理性的には追跡できない前もって定まった順序立っていない出来事に従う単なるしるしにすぎません。それでもそれは、ひとつの指標として現れた要因を知ることによって識別されます。これは確かに自覚されなければならないと同時に無視されなければならない最初のポイントで、そうすると見る者の眼に示される普遍的なパターンとしてやってくるものが開示可能になります。

第三の眼の働きのひとつは、心臓のセンターとの結びつきに関係しています。これらふたつのチャクラのおもな機能は、視覚を持つ能力にあります。心臓は感覚（フィーリング）を通じて知りますが、その感覚とは見ることとです。第三の眼は見ますが、それでもそれはベールに覆われています。何かを予感したり、前兆を見たりしたら、その前兆は慎重に観察されるべきものです。前兆に対しては何かを暗示するような意思表示（ジェスチャー）をしてはいけません。最も重要なのは、予感でも直感でもないのです。この出来事を見て、それ自体が開示されるようにしなければなりません。ひかえめに距離を置くことで、その前兆自体をとりまく真の指標が表に出てきます。

既視感（デジャ・ヴ）は、非日常的な方法で知覚するわれわれ自身の能力の正しさを確かめるためのものではなく、開示されつつある出来事を慎重に目撃すべきだという合図です。まさにこのとき、世界で起こっていることが重要なのです。またこれと同じくらい重要なのは、われわれがそれを目撃する必要があるということと、姿を現す出来事を改ざんしてはいけないということです。これから起こることは何らかの形で見る者にとって意義を持ちます。干渉せずに、この世界をそのまま開かれた形で観察します。こうしてわれわれは、宇宙の絡み合った枠組みを通じて会うかもしれません。私がある種の人たちに会うと、かつて互いに会ったことがあるのがわかります。ある種の出来事は、この枠組みを介して、つまり知覚の区画を介して、結びついています。出来事はそうあるべき姿で展開されるでしょう。われわれは、そのプロセスに干渉しないように努めなければなりません。前兆を探し求めることにとらわれるのは、第二の注意力の罠にはまることと同じです。それは新しい見る者たちの方法ではありません。

もしあなたが既視感を体験したら、それは見ても思い出すことのできない何かです。ですから、それに基づいて行動してはいけません。たとえ自分の人生に何を示唆するのか、その成り行きに対して何の考えも思いつかなくても、それを見て、それが現れるのを待ち、それから先に進むのです。予定された出来事を待ち、自分の〈見ること〉により、垣間見たことを思い出すのです。そのときには、伝達されたことを話すことはできません。兆候は、他者と一緒かつ同時に見ていないかぎり、あなたの眼のためだけにあります。他者と一緒でも、生じた自覚によっては、それについて話す必要はないでしょう。しっかりと動き、軽く触れ、眼を開き、沈黙して観察しましょう。

□技法十六　‥花を見つめる一

〈花を見つめる〉は、青いスペクトルに気づく上ですばらしい方法です。花びらは、ディフェンバキアよりももっと効果的に青い周波数を発するからです。〈植物を見つめる〉の後にこれらの技法を紹介するのは、後半で説明しますが、それらがはるかに危険だからです。明るい色で香りのある花を〈花を見つめる〉で使います。プルメリア**が理想的です。見つめる目的では、集められた花の香りを嗅がないでください。この技法で必要なものは以下のとおりです。

・光を反射しない、非常に暗い背景（黒か、濃い青）。
・中くらいか、大きいフィッシュボウルあるいは花鉢。その内側に別なガラス製のボウルを置くのに十分な大きさのもの。
・スタンド（置き台）。眼の高さに置く。
・ティー・ライト・キャンドル
・プルメリア、約六束

ガラス製のボウルには、半分か三分の二の水を入れます。プルメリアはボウルの中の水に浮かべます。小さいボウルはプルメリアの入った水の中に浮かせ、ティー・ライト・キャンドルを中に置きます。キャンドルの炎は、プルメリアの花からは見えないようにしなければ

＊＊ 訳注：frangipanis インドソケイとも呼ばれる。キョウチクトウ科 Plumeria 属の低木の総称。熱帯アメリカ原産。フランジパーヌとも呼ばれることもあるが、この場合、その花からつくった香水をさすことが多い。

なりません。ボウルは、眼の高さにくるように、眼から二十～三十cmくらい離れたスタンドの上に置きます。背景はボウルの後ろに配置し、部屋に光が入らないようにします。

まず、ボウルの中心を見つめます。すばらしい青色の斑点がボウルの上に現れるでしょう。青色が現れるまで待って、それから十二時の位置から回転を始めます。視野周辺部でボウルを見つめてください（ボウルから二十五～五十cm離れるか、もしくはこれまでの見つめる体験に基づいた距離で凝視（ハード・ゲイズ）を行います。そして、次の位置――三時、六時、九時――に移動する前に、それぞれの位置で青色が現れるのを待ちます。常に時計回りの位置で行います。この技法により、〈植物を見つめる〉技法と同様に、眼の象限を満たし（フィード）ます。

見つめているあいだ、まわりの部屋を感じるようにして、影と光の動きを意識していましょう。影と光は、見つめるプロセスを通じて、しばしば活性化されるように見えることがあります。決して反時計回りの方向に見つめないようにしてください。

【花を見つめる際の注意点】

教え子のひとりが最初にこの技法を実行したとき、彼女は自分が見つめはじめると、青の輪から突然、私の顔が彼女に向かってやってきたと言いました。それがあまりに直接的だったので、驚いて身体が飛び上がってしまったというのです。私は、プルメリアが自分と親しくしているので、そうなったのだと説明しました。プルメリアはまた見つめる者の意図、あるいは声を増幅します。見つめる者の意図はプルメリアの花びらの数によって増幅されます。だからプルメリアは黒魔術に使われるのです。これは強力な見つめる技法ですが、花と一緒に水を使うことによってやわらげられます。

〈花を見つめる〉は、見つめる者が青いスペクトルを見るのを可能にさせてくれる点でとても優れています。私の教え子は、なぜこの技法が最初ではないのかと私に尋ねました。彼女や他の人たちが青を見るのにそれが役立ったからです。なぜかと言えば、まさにプルメリアの力がこの技法を実践する人の意図を増幅するからです。だから、最初に使わないほうがよいのです。

魔術を実践する多くの先住民たちのあいだで、プルメリアは敬意をもって扱われます。その理由は、花びらが実践者の意思、内なる声を得ることができるからです。これからその説明をしますが、それはこれらの古い技法に価値を与えようとしてではなく、なぜいくつかの花を使った魔術が他のものよりも強力なのか、その理由を理解してもらうためです。プルメリアの花には五枚の花びらがあります。この数字がエーテル的な移送の力を与えます。花びらそれ自体は固有の声を持っているわけではありません。彼らは、〈花びらによって自分の意思を移送したいと望む人の声〉を得ます。そうやって、彼らの声を五倍に増幅するのです。彼らは実践者の内的な意思を受け取り、吸収し、伝えます。その移送の力は、まったくのところ、その植物の香りに依存しています。花が摘まれ、それからその香りが吸い込まれて嗅がれると、花の蕾の潜在力そのものが失われます。だから、魔術のために使いたい場合は、プルメリアの香りを絶対に嗅いではいけません。この花の香りは、〈実践する人の意志を手に入れたそれぞれの花びらの意思〉を移送します。

ここで私は、この魔術を教えることが私の目的ではないと言っておきます。ここで私が望むのは、青いスペクトルを見るという意思だけを持ってプルメリアの束を見つめること、その価値を読者のために確立することです。これが、自然に開示されるものを知り、受け取り、自然ではない何かが開示されるのを意図しないという、欲のない欲望を実践者に授けます。

プルメリアの魔術を実践する多くの人々のあいだでは、その手段に対する目的として、自分たちの考え、欲望としての思考を加えます。彼らはプルメリアの茎を右手の人差し指と中指のあいだにはさみ、それを時計回りに回転させ、自分に有益な結果を願います。花を反時計回りに回転させると、それは低い領域を活性化させ、意図の対象となる相手に悪影響をおよぼします。このプロセスの最中に、もしプルメリアが水に浸され、そこで三回水をはじくように動かすと、水という媒体により、肯定的か否定的かにかかわらず、その欲望の力を増大させます。もし実践者がプルメリアのエネルギーを身近なところにとどめておきたい場合は、香を焚きます。さらにその場を強化するには、米や果物のひと盛りをその場所に置くこともできます。多くのコミュニティでは、その地域の霊（スピリット）がこの礼拝場所に引き寄せられると信じていますが、実際にはそうではありません。その土地の霊（スピリット）――蟻、鳥、細菌にとっての霊――はその欲望を吸収し、それからその意思を自然の墓場に移送するのです。したがって意図は、これらの生き物たちによってその土地の隅々に運ばれます。これらの昆虫や動物たちは――意図の長期にわたる注入により――実践者に対する知らず知らずの盟友になります。彼らの生きた流体は、魔術を行う人の意思と共振するようになるのです。

　これが興味津々に思えて、人によってはこの方法で力を得ようとするかもしれません。私は、誤用されやすい技法の背後にある仕組みを教えることが賢明かどうか尋ねられたことがあります。私がこの情報の一部をここに公開した理由は、周辺環境の振動的な本質を獲得する古いやり方を戦士が見ることができるようにするためです。それは、想像しうるかぎりの深いレベルにおける憑依です。理解しなければならないことは、この種の力を求めることは非常に有害だということです。なぜなら、あなたがむやみに欲しがるものは、それ自身の意識を通じて、最終的に十分な力を得て、合わせ鏡となった共生的な意志により、あなた自身の陰謀の中であなたを手に入れ、罠にかけるからです。最終的にこだまして返ってくるのは、費やされたすべての総計です。もしこれが黒魔術の実践をやめさせるのに十分でない場合は、もはや何も言うことはありません。

もうひとつ、デイトゥラと呼ばれる植物があります。この植物の使い方については説明しません。その名前を言うだけでも十分に危険です。デイトゥラという植物は、特定の地所に置かれると、そこに住んでいる人たちの意図を吸収して、それを映し返します。この植物は、この植物が発する繊維の網によって、この地域で弱みを持つ人たちに影響を与えるほどに、コントロールを増幅するのです。私は成長して八年ほどたつこの植物のひとつを覚えています。その植物は、私の友人の土地にしっかりと根を張っていて、そこを労働者が通過するとき、あたかも彼らの髪をつかむかのように引っ張りました。それが激しい恐怖心を植えつけるので、彼らはそれに近寄らないようになりました。その植物は非常に強い力を持っていて、地所に入り込む水の流れを中断させた結果、近隣すべての水道の蛇口から水が出ず、配水管は手当たりしだいに漏れました。この話は黒魔術に関連していて、その力が強くなればなるほど、ますます水の管理ができなくなるということがこの地域で起こったのです。ですから、もしあなたの地所で水の管理ができなくなるのに気づいたら、誰かがあなたに黒魔術をかけていることがあるので注意してください。しかし、これが話の要点ではありません。私がここでお話ししたいのは、プルメリアとは異なり、デイトゥラには自分の声があり、独自の意思を持っていることです。また、その付近にいるすべての存在の意志に敵対し、その者たちを陥れ、罠にかけようとするということです。彼女は非常に危険で、まるでメスのジャッカルのように、彼女にとってメス・オス両方の部分である模擬性器を持っています。ジャッカルは、からかったり、何かを強制したりするためにこれらの模擬性器を見せびらかします。この植物の性質もまたそうなのです。こうやってそれぞれ実際にそうではないように見えるものを見せびらかすため、デイトゥラとジャッカルの強制的な性質は暴かれますが、戦士がだまされているのを悟ったときにはもはや遅いのです。

プルメリアで否定的または肯定的な欲望を意図すると、自分を黒（魔術）だ白（魔術）だなどと、どう思うかにかかわらず、自分の意識を追いやって罠にかけていることを自覚してください。それはあなたの元の欲望による罠だけでなく、あなたの盟友の意志があなたが誰かというその姿を意図して返し、それが合わせ鏡になった内省を壊すのをますます難しくするという事実によるものです。そのため白魔術であっても、それを実践した結果がどうなるのかわからないのであれば、それは黒魔術だし、黒のほうを実践する人たちにとって白とは単に争うべき何物かにすぎません。何であれ、これらのふたつの視点から見ることは結局、二元的であり、無益なことです。どちらにもならないように意図し、あなたが自分をとりまく世界を解き明すにつれ、世界があなたに対して解き明かされるようにするのです。こうして中庸の道が明らかになります。

□技法十七　：花を見つめる二

この技法は、〈花を見つめる一〉と似ていますが、プルメリアを容器の中に保つ方法が異なります。スタンドと背景は同じです。水を使わないことにより、青色を見る能力を身につけるようになるという点で、この技法はもっと効果的です。反時計回りに回転しないように注意してください。

（準備）

・プルメリアの大きな束をいくつか
・木製の深いボウル
・五つか六つのティー・ライト・キャンドル
・スタンドと背景

ティー・ライト・キャンドルは、木のボウルの底に置きます。プルメリアは束ごとボウルの縁に立てかけるようにして外に向かって置かれ、ボウルの端から広がる輝くドームを形づくります。ボウルの形は、これに対応するものにして、炎が花びらを焦がさないように、十分な深さのあるものにします。この技法では水を使いません。これは非常に強力な技法で、反時計回りの方向には決して眼を回転させないことがとても重要です。見つめ方は〈花を見つめる一〉と同じで、時計回りに複数の象限を回転していきます。

□技法十八　：虹を見つめる

教え子のひとり、ベン・チャンドラーが夢見で教えられた技法をここに含めます。彼は自分の話を次のように語っています。

昨夜、僕は第三の眼の本の中に〈虹を見つめる〉技法があるのを夢見ていました。それは、虹を凝視することから成り立っていて、それから眼を閉じ、閉じた眼の背後に虹の精妙かつエネルギー的な痕跡を見つけ、虹がまだそこにあるかのように視覚化する、というものでした。それからその精妙な痕跡が次第にうっすらと消えていくのを観察し、呼吸します。その時点で、ある種、吸引的で虚空みたいな解放感があり、それが内部イメージを外部化し、空虚さを促進するものであることがわかりました。

僕は、以前、この技法を一度行ったことがあります。その由来も知らずにです。それは非常に精妙かつ繊細で静かでした。それ以来、とても美しい、心臓（ハート）を開く虹のエネルギーの変化を見ています。夢の中でこれまでこの技法を行ったことはありませんでしたが、そのときはルハンが僕に教えてくれていました。僕はそれが「本」に載っていることを知っていました。おそらく僕は最初にそれをした数か月前の時点で、未来のことを思い出していたのです。不思議です……。あるときバリで僕はルハンのまわりに深遠な虹のエネルギーを見ました。それは描写不可能なほど、とても美しいものでした。

夢でルハンは、僕に虹を短時間だけ見つめるように導いていました。それから眼を閉じて、見たものを解き放ち、それから僕はしばらくのあいだ夢なしの空虚さの中に吊るされていました。夢の構造物が再び現れたとき、彼はすぐに僕をまた短いあいだ、見つめさせようとしました。そしてこのプロセスが何度も繰り返されたのです。空虚さと技法のあいだを行ったりきたりする急速な繰り返しは、僕の意識の非常に精妙で繊細な部分を訓練するような感じでした。まるで知覚の蝶の羽がはばたくように感じました。

※原注：これは虹だけではなく、ガラスや水晶など、どんな屈折光でも行えます。

エピローグ

この本と『平行的な知覚に忍び寄る技術』の中に埋め込まれている多元的な参照点を把握するまで、何度か読むことをお勧めします。すぐにはわからない相互につながり合った側面は、ときがたてば抽象的な情報単位として明らかになるでしょう。読者の注意力が流動的に次元化されるにつれて、その情報単位が手に入るようになるのです。第三の眼の知覚の繊細な層を横断する自分の意識により、それまでベールに包まれていたことを理解しはじめます。

この本の中にある全技法を実行すると、状況の観察によりすくいとり続ける自分を見出し、社会的なニュアンスを認識しますが、それでいてその認識に巻き込まれることがなくなります。これがあなたの知覚を変容させ、継続的な反復状態の中にいるようになるのです。

あなたは、開示されるものを、あたかも自分の死の瞬間に目撃するかのように目撃します。右眼の社会的な機能は大幅にスローダウンし、吸収する左眼の能力がスピードアップします。身体意識を活性化して、それまで知覚できなかったことを知覚するのです。

この変容が生じるとき、身体に無気力が入り込む場合があるのに気をつけてください。通常の脳内沈静化物質の生産は劇的に減少し、松果体のＤＭＴ生産が増加します。第三の眼の機能が完全に開くのを根気よく待ちましょう。

あなたは、このプロセスにより、かつて興味があったことに興味が持てなくなるのを見出すでしょう。新しい自己がやってくるのを待ちましょう。

これらの技法は、通常は内部的に生成される物質的な視覚イメージを最終的に終わらせ、それを自己の起源、すなわち無に置き換えます。しかし、それでもこの無は、われわれの存在の源泉である心臓から話される言葉そのものにより具体化される真実の終局性に、あふれんばかりに満ちています。

この本の背後にある意図は、見る者を自由と心臓（ハート）に向かわせて、支配力としてのコントロールや忍び寄りから離れさせること、前者の方向に切り換えることです。現段階でこの本が、人類にとっての重要な一歩を踏み出して、他者をコントロールしたり、操作したりする欲望をもはや持たなくなるために役立つことを望みます。またそれだけでなく、ここで分かち合った実践により、見つめる者の意図を永遠がその人に映し返すようになります。自由を受け入れ、永遠をあなたの導き手（ガイド）にするために、これらの技法を賢く使うようにと、再びその必要性を繰り返したいと思います。

その都度生じる愚行を目撃するにとどめ、それをコントロールしないようにしてください。あなたを探し求めているのが何かを認識するようにしましょう。これには、やがて見るようになるものの精妙さを受けとれるようになるために、思惑という重荷を降ろすことが必要です。目撃されるものは何であれ、最終的にあなたの意識の挿入によって影響を受けます。あなたの道は自己決定され、あなたの自分をつかさどる力によって導かれるでしょう。

これらの技法についての質問がある場合は、個人指導を申し込むか、もしくはオンラインのシャーマン・コミュニティに参加してください。

連絡先：www.parallelperception.com（英語）

＊＊訳注：本書出版時点でアクセス可能なＵＲＬのみ掲載し、原著にあったものの一部は削除しています。

おすすめの書籍および情報源（英語）

The Art of Stalking Parallel Perception by Lujan Matus
www.parallelperception.com/books-and-articles/the-art-of-stalking-parallelperception.html

The Raw Food Solution by Mizpah Matus
（ミズファ・マトゥス著『ローフード・ソリューション』）
www.rawfoodsolution.com

Rawlicious by Peter and Beryn Daniel
（ピーター&バーリン・ダニエル著『ローリシャス』）
superfoods.co.za

Omkara retreats online hub:
www.omkararetreats.com

訳者あとがき

二〇一四年の現時点で、ナワール・ルハン・マトゥスの著書は全部で四作出版されている。一冊目はThe Art of Stalking Parallel Perception: The Living Tapestry of Lujan Matus（2005、邦訳は『平行的な知覚に忍び寄る技術』）、二冊目はAwakening the Third Eye: Discovering the True Essence of Recapitulation（2010）、三冊目はShadows in the Twilight: Conversations with a Shaman（2012）、そして四冊目がDragon's Tears Illustrated Manual（2013）である。

本書は二〇一〇年に刊行された二冊目の著書Awakening the Third Eyeの全訳である。訳者は、この本が第一作目と同様に、読者にその内容の理解という面で多大な努力を要求するものであると感じている。というのは、訳者にとっても、ナワール・ルハン・マトゥスの著作は独特の難解さを伴い、ほとんど翻訳不可能と感じる箇所も多かったからだ。彼の視点は訳者のたどりつけない視点であることが多い。だから、彼が自分の視点で書いた文章を、訳者が読者によりわかりやすいように意訳することは、彼の視点から見た世界の描写を、訳者個人の世界の描写に置き換えてしまうことになる。そうするとその描写は誤訳になる――言い換えれば、訳者はもちろん読者も誤解してしまう可能性が増す。このようなことを避けるために、訳者は自分の知的判断を極力ひかえて、可能なかぎり原文に忠実に訳していくようにした。そうすると訳者の解釈が入った意訳はできずに、直訳風のぎこちない和文になる。こうした訳者のジレンマの中で誕生したのがこの第二作の邦訳である。前作もそうだったが、訳文が読みづらい点を読者にお詫びしなければならない。

しかし、幸いなことにこの第二作は、各種の技法や質疑応答が主な内容となっているので、表現や内容の難解さはいくぶん和らいでいる感がある。

また、ナワール・ルハン・マトゥスは、三作目の本 Shadows in the Twilight で共著者のビル（W. L. Ham）に対して次のように語っている。

〈……われわれのほとんどが自身に本来備わっている能力にアクセスしないのは、蔓延する捕食的な意識の影響のせいだ。自分のポテンシャルにまるごとアクセスするには、われわれに課せられた制約と、それが所定の位置にどのように保たれているのかに気づくことがとても大切だ。

私がこうしたことを自分の最初の本に書いたとき、そこで与えられた説明で十分だと感じたが、今やあれから年をとり、こうしたテーマはわれわれにかけられた呪文から解き放たれるためにもっと深く理解されなければならないのだとわかった。〉（原著一三七頁、拙訳）

ここでも語られているように、一冊目の本の難解とも言える語り口は、この二冊目の本で少し和らげられ、さらに三冊目の本では会話を主体にして繰り広げられるということもあって、よりわかりやすく、より読者にとって受け入れやすい形になってきている。こうした変化は、われわれ読者にとって実に喜ばしいことだ。

なお、訳者はこの「あとがき」で、自分がよく理解できていない内容についてのコメントをせずに、近年、ナワール・ルハン・マトゥス関連のホームページで見つけた氏のプロフィールの抜粋・翻訳を以下に付記し、読者の便宜をはかりたい。なお、関連図書として須藤元気氏の著書『自分が変われば世界が変わる――呪術師ルハン・マトゥスの教え』（講談社、二〇一二年）も参考になるのでお勧めしたい。

本書の刊行にあたっては、ナチュラルスピリットの今井博央希社長が出版を快諾してくださり、編集面では日浅綾子さんが懇切丁寧に作業してくださった。ここに感謝の意を表したい。

二〇一四年二月五日　高橋　徹

ルハン・マトゥスのプロフィール

ルハン・マトゥスは自分のことを、深遠な体験をした謙虚な人間だと説明する。彼は七歳のときに古代シャーマンの系統の手ほどきを受けはじめ、〈夢見〉と〈起きているとき〉という二つの現実の平行領域で教えを受けた。主たる師で恩人の老ナワール・ルハンが、さまざまなシャーマニックな実践を含む多くの宝物を彼に授けた。

ナワールとは、このシャーマンの伝統における師であり、他の人が高められた意識と変性知覚に入るのを支援する導き手（ガイド）である。ルハン・マトゥスは、恩人の伝統に基づき、世界中の人々のポテンシャルを拡大し、その人生を可能なかぎり実現・成就するのを支援し続けている。

ルハンは、身体意識との澄みきった結びつきを開発する必要性を強調する。そのような働きを持つ特殊な動作（ムーブメンツ）や訓練は、人々が自分個人の力にアクセスするのを助ける彼のアプローチの重要な側面である。

多くの人が体験談の中で詳細に述べているように、人や状況の核心（ハート）を見抜く彼の能力は、実際にそれをまのあたりにするか、もしくは夢見の中であるかにかかわらず、不可解なほど驚異に満ちている。

教師としてのルハンは、その注意力を惜しみなく、かつ容赦なく与える。彼は、事前に見当をつけることも、前から定めていた手法を用いることもなく、〈われわれと共に生きているもの〉に対する意識を目覚めさせる。この独自なやりとりにより、状況の解放が生じうる。永遠によってその時々にわれわれに伝えられているものの一部が明らかにされるのだ。

ルハンは、学習者が容易に吸収できる方法でみずからの知識を伝える。その教えは、日常生活の中で開示され続け、さまざまに応用される。

ルハンは、コスタリカや世界の各地でプライベート・コースとグループ・ワークショップを提供するとともに、オンラインのシャーマン教育を行なっている。

ルハン・マトゥスは、ここに彼と（訳注：故カルロス・カスタネダの創設した）クリアグリーン（Cleargreen）社とのあいだには何のつながりもないことを宣言する。彼が教える身体動作（ムーブメンツ）は、マジカル・パスとの関連はなく、これまでにクリアグリーン社によって教えられた身体動作のどれにも似ていない。彼の一連の身体動作は、二〇〇七年に初めて公表されたものである。

著者：ルハン・マトゥス（Lujan Matus）

HP（英語）www.parallelperception.com

訳者：高橋　徹（たかはし・とおる）

1958年東京生まれ。天体周期研究家。中米マヤ文明の残した暦や天文の体系と、太陽系の諸惑星の周期が人間の営みとどのように関連するかをおもに研究している。著書に『天と地の137年周期』（ナチュラルスピリット刊）、『戦士の道と純粋倫理』（倫理文化研究叢書2、社団法人倫理研究所）、訳書に『平行的な知覚に忍び寄る技術』（ナチュラルスピリット刊）などがある。

第三の眼を覚醒させる

反復の真の本質を見出す

2014年4月27日　初版発行

著者／ルハン・マトゥス

訳者／高橋徹

装幀／斉藤よしのぶ

編集・DTP／日浅綾子

発行者／今井博央希

発行所／株式会社ナチュラルスピリット

〒107-0062　東京都港区南青山5-1-10　南青山第一マンションズ602

TEL 03-6450-5938　FAX 03-6450-5978

E-mail: info@naturalspirit.co.jp

ホームページ　http://www.naturalspirit.co.jp/

印刷所／シナノ印刷株式会社

ISBN978-4-86451-110-0 C0011

●新しい時代の意識をひらく、ナチュラルスピリットの本

平行的な知覚に忍び寄る技術
人間の意識の革命的なマニュアル
ルハン・マトゥス 著
高橋徹 訳
夢の作り手の領域で目覚める！ カルロス・カスタネダの伝統を受け継ぐ現代の呪術師が語る、読者の知性と知覚をゆるがす難解にして意識変性の問題の書。
定価 本体 二七〇〇円＋税

時空を超えて生きる
Ｋａｎ．著
肉体を消し、また肉体ごとテレポテーションができ、次元を往来し、時空を旅する。それだけでなく、「悟り」の意識を体得する人物。その半生と時空の仕組みを語る！
定価 本体 一五〇〇円＋税

悟りを開くためのヒント
斉藤啓一 著
20数年前の著者の「悟り」の体験と、さまざまなエピソードをまじえ、考察を深め、真実の生き方を見つめてきた、著者渾身の快作！
定価 本体 一五〇〇円＋税

瞬間ヒーリングの秘密
ＱＥ：純粋な気づきがもたらす驚異の癒し
フランク・キンズロー 著
髙木悠鼓、海野未有 訳
ＱＥヒーリングは、肉体だけでなく、感情的な問題をも癒します。「ゲート・テクニック」「純粋な気づきのテクニック」を収録したCD付き。
定価 本体 一七八〇円＋税

クォンタム・リヴィングの秘密
純粋な気づきから生きる
フランク・キンズロー 著
古閑博丈 訳
ＱＥシリーズ第3弾。気づきの力を日常的な問題に使いこなし、人生の質を変容させる実践書。ＱＥを実践する上でのＱ＆ＡとＱＥ誕生の物語も掲載。
定価 本体 二四〇〇円＋税

ユーフィーリング！
内なるやすらぎと外なる豊かさを創造する技法
フランク・キンズロー 著
古閑博丈 訳
ヒーリングを超えて、望みを実現し、感情・お金・人間関係その他すべての問題解決に応用できる《ＱＥ意図》を紹介。
定価 本体 一八〇〇円＋税

マトリックス・リインプリンティング
カール・ドーソン
サーシャ・アレンビー 共著
佐瀬也寸子 訳
エコーを解き放ち、イメージを変える。人生が好転する画期的セラピー登場！
定価 本体 二七八〇円＋税

お近くの書店、インターネット書店、および小社でお求めになれます。